Début d'une série de documents en couleur

Couverture inférieure manquante

ÉTUDES

SUR LES

POPULATIONS DE LA PERSE

ET PAYS LIMITROPHES

PENDANT TROIS ANNÉES DE SÉJOUR EN ASIE

PAR

Le Commandant E. DUHOUSSET

Membre titulaire de la Société d'Anthropologie, de la Société d'Ethnographie
orientale et américaine, et correspondant de l'Académie de Dijon

AVEC PLANCHES

Travail exécuté par ordre de S. Exc. M. le Ministre
de l'Instruction publique
Présenté à l'Institut dans la séance du 16 mars 1863

Extrait de la Revue orientale et américaine

PARIS

DE SOYE ET BOUCHET, IMPRIMEURS
2, PLACE DU PANTHÉON, 2

1863

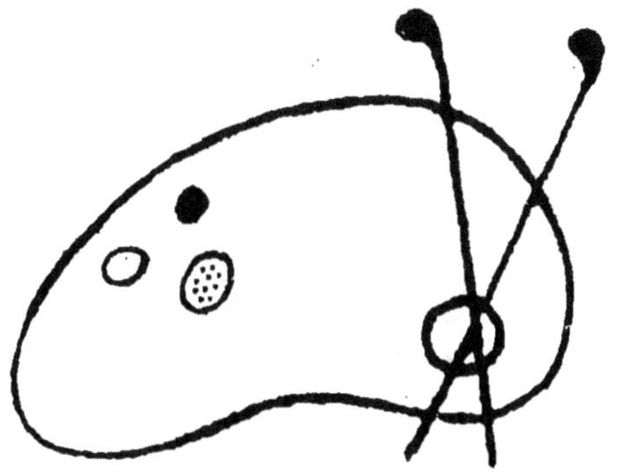

Fin d'une série de documents
en couleur

ÉTUDES

LES POPULATIONS DE LA PERSE

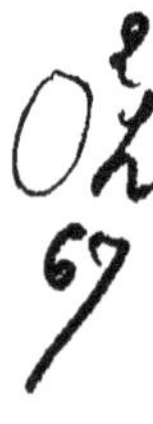

ÉTUDES

SUR LES

POPULATIONS DE LA PERSE

ET PAYS LIMITROPHES

PENDANT TROIS ANNÉES DE SÉJOUR EN ASIE

PAR

Le Commandant E. DUHOUSSET

Membre titulaire de la Société d'Anthropologie, de la Société d'Ethnographie
orientale et américaine, et correspondant de l'Académie de Dijon

AVEC PLANCHES

Travail exécuté par ordre de S. Exc. M. le Ministre
de l'Instruction publique
Présenté à l'Institut dans la séance du 16 mars 1863

———— ❈ ————

PARIS

DE SOYE ET BOUCHET, IMPRIMEURS

2, PLACE DU PANTHÉON

1863

ÉTUDES

SUR

LES POPULATIONS DE LA PERSE

ET DES PAYS LIMITROPHES

Son Excellence le ministre de l'Instruction publique m'ayant chargé, en 1858, d'une mission scientifique qui avait pour but de représenter, par le modelage et le dessin, les différentes races des contrées que j'allais parcourir en Asie ; je présente au public, qui s'intéresse à la partie ethnographique de l'anthropologie, quelques esquisses sur les races les plus célèbres de l'Orient.

C'est pendant un long séjour en Perse, que j'ai pu observer tous les peuples habitant le grand espace, baigné à l'Occident par la mer Noire et limité à l'Orient par le Paropamise des anciens. Mes recherches ne se bornent pas à ces contrées : j'ai été à même de dépeindre des individus appartenant aux districts de l'Inde septentrionale, et des Turcomans situés au delà des frontières de la Perse.

La facilité d'ajouter le dessin à mes observations m'a permis d'utiliser mes excursions d'une manière plus précise que par de simples notes ; et j'ai fait les portraits de deux cents types principaux, accompagnés de nombreux croquis sur le mesurage de leurs têtes.

La publication de ces nombreux dessins étant trop coûteuse pour pouvoir être mise prochainement à la disposition des savants, j'en ajourne l'entreprise à l'époque où seront aplanis les obstacles administratifs qui l'ont empêchée depuis un an. Et, c'est en attendant cette facilité, que j'ai classé mes notes, dont j'ai augmenté l'importance par de sérieuses études au Muséum d'histoire naturelle, aidé de professeurs et de collègues des Sociétés savantes qui, appréciant les études ethnographiques, m'ont honoré d'encouragements flatteurs.

Je dois une reconnaissance toute particulière à M. le docteur Pruner-Bey, pour son bienveillant concours dans mon travail sur les types physiques des races orientales parfaitement connues de cet anatomiste et linguiste distingué, qui m'a autorisé à transcrire la lettre suivante, dans cette introduction à une œuvre, présentée seulement comme spécimen des avantages que la science peut retirer de recherches laborieuses, hérissées de difficultés souvent insurmontables.

EMILE DUHOUSSET.

Monsieur le Commandant,

Veuillez agréer mes remercîments sincères pour l'occasion que vous m'avez offerte de m'instruire. Votre galerie orientale comblera une des lacunes les plus sensibles dans la science anthropologique telle qu'on doit la concevoir aujourd'hui. Je vous félicite d'abord de l'heureux choix des types, où j'ai pu reconnaître des individus de toute l'Asie occidentale et centrale, avec lesquels je fus en contact pendant plus de vingt ans. L'exécution artistique de vos portraits est, en outre, bien différente de tout ce qu'on a fait au hasard jusqu'à présent; vous avez remplacé la méthode des portraitistes (aux trois quarts) par des vues de profils et de face comme l'exige la science rigoureuse; et l'on voit, jusque dans les moindres détails, que vous vous êtes mis consciencieusement à l'œuvre. Permettez-moi de vous dire, à mon point de vue et en peu de mots, toute l'importance que j'y attache: votre collection contient des échantillons de tous les peuples qui, dès la plus haute antiquité, ont joué un rôle dans les destinées du genre humain; vous avez choisi le berceau des nations modernes, l'ancien Iran, pour le centre de vos observations. En effet, c'est là et dans les pays limitrophes que les deux races éminemment civilisatrices, la sémitique et l'indo-germanique, ont étonné la postérité par les monuments grandioses de leur civilisation; et c'est encore là qu'ils ont subi la lutte séculaire contre les fils de Tor qui, par le sabre, ont occupé les trônes les plus splendides de l'Orient.

Comme anthropologiste, je place en premier lieu, quant à l'intérêt scientifique, la collection complète des Indo-Germains pour leur rameau oriental. Il fallait, outre votre talent, encore du bonheur pour trouver l'occasion d'étudier toutes les branches de ce remarquable rameau : l'Indou, le Persan dans toutes ses nuances locales, l'Afghan, le Beloutch, le Kurde, l'Arménien, et même les faibles restes des Ossètes dans le Caucase. C'est grâce à votre perspicacité et à votre persévérance, que l'anthropologue naturaliste pourra aujourd'hui se placer au niveau du linguiste pour ce qui regarde la race à laquelle nous appartenons. La même observation s'applique aux portraits que vous avez recueillis sur les deux autres grandes races en question, les Sémites et les Touraniens; et, à cette occasion, il faut relater l'importance des mesures qui accompagnent vos dessins: par ce procédé, l'œil le moins exercé trouvera un moyen facile de comprendre la distance entre les races limitrophes et souvent mélangées, que l'on a toujours considérées comme issues de la même souche; les moyens, dont vous avez enrichi la science, font connaître combien

ces races diffèrent par leur type et par leur langage, depuis l'époque
où elles se sont constituées.

Le cadre de vos observations a été considérablement élargi par
vos types du Caucase jusqu'en Egypte ; votre série des portraits d'Indiens nous découvre un horizon plus vaste que celui de l'Iran ; les
races allophyllétiques, par leur beauté, par leur antiquité, leur résistance et leur soumission aux Aryens, méritent d'autant plus d'intérêt que rien n'est encore établi sur leur origine, malgré les efforts
de la linguistique. C'est sur ce terrain que j'aime à appeler encore
tout particulièrement votre attention pour le parti à tirer de votre
collection.

Ce que vous apportez aujourd'hui, Monsieur, est certainement plus
exact que tout ce qui a été fait jusqu'à ce jour.

En passant, maintenant, de vos portraits à leurs résultats pour la
science ethnologique, je vous propose de les classer dans l'ordre sui-
vant :

La race aryenne dans ses rameaux massés, encore aujourd'hui, autour du plateau de l'Iran et se répandant au delà de l'Indo-Kouh.

Les types des Perses, des Kurdes, des Afghans et des Beloutches,
ayant beaucoup d'analogie dans la forme de leurs crânes, montrent
l'affinité de ces peuples, et enseignent comment les hommes de la
même souche, ayant acquis un peu de civilisation, se distinguent de
leurs frères moins privilégiés ; c'est alors que l'expression du visage
permettra, mieux que l'ensemble des traits, de distinguer ces peuples entre eux.

Viendront ensuite les Indous, appartenant à la souche précédente,
et dont quelques-uns diffèrent notablement du type brahman. Ils
sont issus de races qui ont précédé les Aryens dans l'Inde. Ces types
d'Indiens n'ayant été étudiés encore que très-superficiellement, il
vous appartient, Monsieur, de les décrire avec plus d'exactitude.

Votre comparaison du Touranien avec son voisin de l'Iran, en sé-
parant parfaitement les types homogènes des autres types, fait mû-
rement réfléchir sur les mélanges qui se sont continués depuis tant
de siècles entre des races voisines ; et vos notes, ainsi que votre
crayon, fourniront des jalons certains pour la classification des sujets des races différentes et pour distinguer les métis d'avec les individus d'origine pure.

Agréez, Monsieur le Commandant, l'assurance de la plus haute es-
time de votre tout dévoué serviteur,

Dr PRUNER-BEY,
ancien médecin en chef de son Altesse le vice-roi d'Egypte.

TYPE PHYSIQUE DE L'ARYEN DE LA PERSE.

J'ai choisi dans mes dessins, comme les plus purs représentants de ce type, un groupe de guèbres (adorateurs du feu) de Yezd[1], ainsi qu'un prêtre des Parsis de Bombay, des habitans des villes de Téhéran, Ispahan, Chiraz, et de l'extrême Nord, Khoï, où je fus surpris des traits distingués de ce type[2].

Afin d'éviter de fatigantes répétitions se rapportant aux différences individuelles, j'en trace le caractère général.

La couleur de la peau varie du bistre clair au brun olivâtre, selon les localités ; ce qui fait accepter la teinte bistrée comme sa coloration ordinaire.

Les cheveux sont généralement de brun clair à noir, mais toujours teints en noir ou en rouge ; leur texture soyeuse ne boucle qu'à ondes larges.

La barbe est fournie et peut croître très-longue, elle est ondulée et non frisée.

La couleur de l'iris est brune ; on rencontre exceptionnellement des yeux gris.

La taille s'élève au-dessus de la moyenne.

La constitution est sèche dans son ensemble.

L'embonpoint, rare chez les hommes, est plus marqué chez les femmes. La chair est amollie par l'usage trop fréquent des bains.

La proportion des extrémités au tronc est remarquable en ce que le cou est allongé et maigre, la poitrine affaissée et

---

[1] Les Guèbres, ou Zoroastriens, sont dispersés ; ils appartiennent à la classe la plus pauvre et n'ont ni livres, ni prêtres, ni instruction. Leur nombre a diminué d'une manière surprenante : tandis que, au dernier siècle, on comptait encore 300,000 chefs de famille, on trouve à peine 8,000 âmes aujourd'hui. Gobineau, *Trois ans en Asie.*

[2] Les hommes de Khoï sont encore les portraits vivants du beau type achéménide de Persépolis, et pourraient être les descendants du rameau médique.

large, les bras et les jambes forts ; les mains petites et nerveuses ; les pieds bien conformés.

La démarche de l'homme est digne et majestueuse, tandis
que celle de la femme est indécise, à cause de sa chaussure,
ayant un talon pointu placé sous la voûte du pied, qui force
à un balancement sur les hanches pour chercher l'équilibre
rendu pénible par ces petites échasses.

Pour la grâce des mouvements, les danses et les jeux, les
Persans se rapprochent beaucoup des autres peuples de l'Orient, c'est-à-dire, des Egyptiens et des Syriens.

La tête du Persan Aryen est distinguée dans son ensemble
par l'harmonie des traits et par les contours ovales. Ces
caractères acquièrent toute leur expression dans les têtes
des hommes du nord, par exemple à Khoï, où les musulmans
venant d'Europe se purifient des souillures dues à la fréquentation des chrétiens. Peut-être, y a-t-il un peu de fanatisme
dans cette ville et, par conséquent, moins de mélange.

Dans les autres parties de l'Iran, la figure est généralement plus allongée, plus maigre et, par suite, les traits plus
accentués ; la maigreur du cou contribue à l'harmonie de
cet ensemble, le muscle sterno-cléïdo-mastoïdien est trèssaillant.

Dans son détail [1], la boîte osseuse du crâne, qui renferme
le cerveau, présente un ovale parfait d'avant en arrière ; vu
de face, un front imposant s'élève presque à angle droit,
en se courbant légèrement vers le sommet.

Les yeux, bien fendus en ligne horizontale et découpés en

---

[1] Le diamètre antéro-postérieur est de 187 à 200 millimètres.

Le front s'élève jusqu'à 103 millimètres ; sa largeur, à la région fronto-temporale, est de 136 millimètres.

Le contour est de 550 à 565 millimètres, et l'arc, pris d'une apophyse mastoïdienne à l'autre, varie entre 28 et 33 centimètres.

Cette forme ovale et légèrement allongée du crâne cérébral appartient exclusivement aux anciennes races aryennes, qui ont fait époque par leur civilisation.

amande, sont largement ouverts et ombragés de sourcils en ligne droite, qui, souvent même, se joignent à la base du nez ; les cils, excessivement longs et arqués chez les enfants, contribuent à l'expression typique de la race. Le nez, bien que saillant, remplit parfaitement les exigences du modèle idéal, car sa longueur ne dépasse guère le tiers de la face ; sa forme varie quelque peu selon les régions et les individus : dans le nord, il est légèrement arqué, se rapprochant du type romain ; chez les habitants de Yezd, il est plus pointu, rarement droit, et quelquefois aquilin. La dépression, à sa racine, n'est jamais exagérée ; il y a même des individus dont le nez s'insère en ligne droite au front, comme chez les Grecs.

La bouche est finement découpée et petite ; les lèvres sont légèrement relevées, la supérieure est courte et devance un peu l'inférieure, sans qu'il y ait cependant la moindre trace de prognathisme : car une verticale, partant de l'extrémité des dents incisives supérieures vers le front, rencontre celui-ci presque en prolongement ; le menton est arrondi avec peu de saillie.

La tête étant vue de profil, la mâchoire inférieure présente son angle postérieur émoussé ; des pommettes non saillantes et une oreille bien découpée, bien détachée, à bords parfaitement recourbés et un lobule petit et séparé.

L'expression est calme, digne, noble et réservée, même dans les classes inférieures de la société ; la figure s'illumine d'un regard de finesse, toutes les fois que l'intérêt est excité.

La femme persanne a tous les avantages des nations aryennes qui ont atteint un haut degré de civilisation ; ses formes sont complètement féminines ; son front est plus lisse, plus bombé et moins élevé que celui de l'homme ; elle partage, d'ailleurs, cette particularité avec la femme grecque de l'antiquité, toutes les fois qu'elle a été dépeinte fidèlement, à l'exception du nez qui est plus charnu, moins bien modelé et plus élargi à sa racine. Sa figure a l'ovale plus arrondi que celle de l'homme; sa bouche est très-petite, avec des lèvres quelque peu accentuées; le nez, à peine courbé, est presque en ligne droite avec le front.

Les poëtes ont comparé, à juste titre, ses yeux à ceux de la gazelle; son cou, arrondi sans être épais, est en harmonie avec des épaules peu prononcées.

Les extrémités sont petites et bien attachées.

La chevelure est bien fournie, longue, toujours teinte en noir, séparée par derrière en petites nattes qui descendent souvent jusqu'aux hanches.

Le teint varie du blanc au bistré; il est difficile de juger sa couleur naturelle, à cause de l'abus des cosmétiques.

L'ensemble, quoique d'une apparence plus sensuelle qu'intelligente, donne cependant une idée assez nette de la beauté orientale.

L'expression, en contraste avec l'homme, est très-mobile et généralement gaie.

Les facultés génératrices de l'homme persistent juqu'à la vieillesse avancée, malgré les excès de toute nature[1] auxquels il se livre.

TURCOMANS.

L'enfant des steppes des déserts de la haute Asie a la charpente lourde, la taille moyenne, la teinte bistrée, la chevelure ainsi que la barbe très-épaisses et peu longues, noires plus

---

[1] D'après M. de Gobineau (*Trois ans en Asie*, p. 304), les mariages se font en Perse de très-bonne heure. Les fiançailles ont lieu presque dans l'enfance, souvent à l'âge de 7 à 8 ans. On marie les filles à 13 ans, et les garçons, entre 15 et 16 ans. Le prix de la fiancée est, terme moyen, de 30 tomans (le toman vaut 11 fr. 60 c.).

Quoique les liens du mariage soient assez relâchés, la polygamie proprement dite est rare, à cause de l'obligation de constituer un intérieur et une dot à chaque nouvelle épouse.

ou moins foncées et quelquefois rousses ; la couleur de l'iris est jaunâtre ou grise, surtout chez les véritables Turcs à crâne arrondi. L'œil du Turcoman, plus grand que celui du Mongol, est formé d'après le même principe, c'est-à-dire légèrement relevé à l'angle externe, comme l'œil du chat.

La tête est grosse et arrondie ; la figure est ramassée, large, anguleuse ; les pommettes sont saillantes, le front est large et haut ; le tronc épais et long ; la poitrine, toujours large d'une épaule à l'autre, est parfois comprimée dans le diamètre antéro-postérieur ; les mains et les pieds sont larges et courts ; les jambes arquées ; les orteils tournés en dedans.

C'est le cavalier par excellence. Sa démarche est pesante ; son regard, fier et observateur, a l'expression dure.

Il est fort, ses bras sont musclés ; la femme est comparativement plus forte, à cause des travaux intérieurs qui exigent beaucoup d'activité ; elle a les bras très-massifs.

La tête du Turcoman a la partie cérébrale raccourcie dans le diamètre antéro-postérieur ; elle est arrondie, bombée aux tempes, et, vue par derrière, terminée presque verticalement : sa grande largeur à la base du front augmente encore en remontant vers le sommet.

Cette forme, presque sphérique, est spéciale à la race turcomane, quelle que soit sa physionomie qui n'est pas toujours d'accord avec la voûte cérébrale. Ainsi, nos portraits d'individus, appartenant aux tribus du Mazandéran, montrent des profils variés de la face, particulièrement chez les hommes.

Le nez est quelquefois très saillant, allongé, pointu, busqué ; ou raccourci, épaté et déprimé[1].

---

[1] Le diamètre antéro-postérieur varie de 175 à 186 millimètres ; le bas de la région fronto-temporale de 152 à 160 millimètres ; la largeur, au-dessus des tempes, dépasse 163 millimètres ; le tour de la tête est de 545 à 550 millimètres ; l'arc inter-mastoïdien de 315 à 320 millimètres ; la hauteur du front de 107 à 113 millimètres.

Dans le premier cas, la figure se rapproche du type aryen, surtout quand elle est encadrée par une barbe très-fournie dont les poils n'ont cependant pas la finesse remarquée chez l'Aryen ; mais le type touranien perce dans les autres détails de la figure du Turcoman [1].

Les sourcils sont toujours courbés, bien séparés : la fente palpébrale s'accorde parfaitement avec cette disposition, elle est courte, et son ouverture est arrondie, sinon bridée, à l'angle extérieur ; de là, un œil paraissant petit et un regard qui dénote la bonhomie et la ruse.

La bouche est large, les lèvres grossières avec l'angle externe abaissé ; le menton est pointu ; vues de profil, les pommettes et les tempes font saillie ; l'oreille, fort allongée, forme un angle très-ouvert avec le crâne.

Nous savons, par M. de Khanikof, que les Turcs de ces contrées ne diffèrent pas, dans leur type, des Turcomans établis autour de la mer Caspienne ; ils ont les aptitudes cosmopolites particulières à la grande famille touranienne : on voit des Albanais Turcs braver le climat boréal comme ils cultivent la terre en Egypte. La force d'inertie du Turc est très-grande, ainsi que sa faculté de supporter les excès de toute nature, sans paraître en souffrir.

Il a un extérieur vigoureux qui couvre souvent un caractère d'enfant.

Le Turc aime le luxe des vêtements et tout ce qui brille : dans ses appartements, sur ses armes et sur les ustensiles de toutes espèces dont il se sert. Il a de la bonhomie et une générosité souvent mal appliquée.

Le Turc de distinction est le modèle de l'homme d'état, d'une politesse et d'une dignité exquises ; la dissimulation lui est naturelle.

---

[1] M. le docteur Pruner-Bey a observé les mêmes nuances de figures chez les paysans turcs de l'Asie-Mineure et dans d'autres pays. On sait que les Turcs de Kasan ont ordinairement la figure allongée.

Le Turcoman est moins habile pour la discussion que le Persan et l'Arabe ; mais, dans l'état sédentaire, il a plus d'honnêteté et de droiture que ces derniers.

Son regard a l'astuce et la profondeur sagaces de ceux qui pratiquent la vie nomade.

S'il a de l'aptitude à être cosmopolite, il est privé de l'esprit d'initiative et s'accommode de tout ce qu'il trouve, même chez les peuples esclaves.

Jamais fanatique, toujours tolérant, le Turcoman est lamaïste au nord et à l'est, musulman au midi et à l'ouest ; restant partout en arrière de ceux dont il emprunte le culte. Susceptible de conquérir les trônes les plus splendides de l'Orient, mais obligé d'emprunter les moyens de conservation en dehors des siens, il retient péniblement en politique ce qu'il a su acquérir par le glaive.

N'ayant pu dessiner qu'un seul individu de la souche turque orientale, un Uzbek de Khiwa, je n'ose le présenter comme type pur de sa race (voir les notes des auteurs Fraser et Burnes). Cependant, quoique issu très-probablement du mélange persan qui abonde dans cette oasis, l'Uzbek n'a pas renié totalement son origine turcomane, qu'on reconnaît à la largeur du crâne, depuis la région fronto-temporale jusqu'à la longueur de 192 millimètres, qui est celle du crâne persan.

Nous croyons pouvoir faire bien juger des variétés de la souche turcomane actuelle, par les six portraits suivants :

On arrive, par intermédiaire, du type mongol au type qui s'approche du modèle aryen.

L'histoire du passé et les observations du présent expliquent suffisamment cette réunion d'individus, qui feraient désespérer de toute classification.

Le premier dessin nous paraît d'origine mongole. Les nᵒˢ 2, 3, 4 et 5 sont l'expression du type turcoman ; le nᵒ 6 est un métis ayant au moins trois quarts de sang persan dans les veines, ce qui montre, comme partout ailleurs, l'admirable constance de la nature à conserver ses types. La majorité étant turcomane, nous nous bornons à quelques observations générales sur la femme que ces Turcs amènent des contrées limitrophes de leurs déserts.

Elle est grande, jolie dans sa jeunesse ; sa face est plus ronde que celle de l'homme, les pommettes moins saillantes, les yeux noirs avec des sourcils bien arqués ; son teint est beau, quoique bistré ; son nez est généralement aplati ; la bouche, petite et bridée, est ornée de belles dents blanches.

Quoiqu'il y ait beaucoup de jeunes femmes jolies, les matrones sont toujours hideuses ; leur face est plate et leur nez peu saillant. Quelques auteurs ont attribué l'aplatissement du nez au mouchoir qui bride une partie de la figure ; mais cette assertion n'est pas fondée, parce que le mouchoir, posé sous le nez, couvre seulement la partie inférieure du visage.

¹ Les auteurs Fraser, Burnes et Prichard disent, avec Hippocrate, les Scythes très-rapprochés de la race mongole, qu'ils font appartenir elle-même à la plupart des Turcs nomades de l'Occident, ou Turcomans, et aux Uzbeks de l'Orient, plus sédentaires que les Turcomans.

Rubriquis ne partage pas cette opinion et vante la perfection majestueuse du khan turc, qu'il compare à un roi de France.

Les poëtes orientaux et entre autres Hafiz de Chiraz, ainsi que beaucoup de voyageurs, exaltent aussi la beauté des Turcs qui appartiennent, surtout, au rameau le plus rapproché de l'Europe.

En sorte que j'éprouve quelque embarras à me prononcer entre ces graves autorités, dont la dernière se rapporte mieux à mes portraits, surtout par le type turcoman que j'ai choisi dans une colonie d'otages à Téhéran.

KURDES.

Le Kurdistan est limitrophe à l'est, de la grande souche iranienne, et à l'ouest, des différentes souches sémitiques qui se sont succédé dans la marche des siècles.

Le Kurde devrait, à première vue, représenter le terme moyen de ces deux grandes souches historiques, ou l'échelle variable qui s'établit par le mélange; il n'en est pas ainsi : le peuple kurde offre, au contraire, soit dans ses montagnes, soit loin de ses foyers et jusqu'à l'Asie-Mineure, une homogénéité rare, quant à son type. Nous ne pouvons pas constater la différence établie à cet égard par les voyageurs, qui ont parlé d'une race de seigneurs et d'une autre race asservie, ayant entre elles une diversité assez saisissable, même dans leur type physique; mais, quoique la position sociale donne au seigneur guerrier et désœuvré un extérieur plus fier et plus sûr de lui-même, nous n'avons pas remarqué de différence entre le cultivateur et lui.

Le Kurde est plutôt petit, ou de taille moyenne, que grand; il est trapu et vigoureux; il présente une parfaite harmonie dans les diverses parties du corps et beaucoup de dignité dans sa démarche.

Son front est ordinairement fuyant et son crâne allongé; tous ses traits sont empreints d'une certaine rudesse; ses sourcils sont larges et bien séparés; il regarde à travers des cils allongés, ses yeux sont ordinairement petits; la bouche est large, ainsi que le menton qui souvent est avancé; son aspect rappelle celui de l'animal carnassier; le nez est très-caractéristique, il est courbé, pointu et très-charnu dans ses ailes.

Le Kurde est presque toujours dolichocéphale; son crâne[1],

---

[1] Le diamètre antéro-postérieur est de 182 à 193 millimètres;
La plus grande largeur varie de 143 à 156 millimètres;
La hauteur de l'insertion de l'oreille de 100 à 103 millimètres;
La courbe du dessus, d'une oreille à l'autre, de 290 à 320 millimètres;
Le tour de la tête de 550 à 580 millimètres.

vu de face, est un ovale pointu, tandis que celui du Bakhtyari est presque carré.

Les Kurdes, comme les Persans, teignent leurs chevelures
et leurs barbes touffues en rouge ou en noir. On rencontre
cependant, des barbes blanches dans les villages.

Dans le Kurdistan, surtout, les armes et les habits indiquent le maître. Le Kurde choisit pour son large accoutre-
ment les couleurs les plus voyantes et les étoffes les plus
bariolées : ainsi costumé, avec tout un arsenal à sa cein-
ture et appuyé sur sa longue lance, il ne ressemble qu'à lui-
même.

La beauté sauvage et mâle se trouve aussi dans ces montagnes, malgré la rudesse de la physionomie kurde que ca-
ractérisent des traits accentués et anguleux.

La femme kurde, quoique élevée dans le milieu immonde,
poussiéreux et noir de la tanière, se conserve parfaitement
dans l'air sain et tonique de ses montagnes ; aussi est-elle
préférée à ses rivales en Perse, même à la cour.

Sans tourner à l'embonpoint, elle se rapproche quelque
peu de la femme turque par ses formes un peu mâles, net-
tement dessinées, et par ses traits sévères, que relèvent un
nez aquilin et de grands yeux aux cils allongés ; sa chevelure, nattée, noire et longue, se marie fort bien à son teint légèrement bistré [1].

On est porté à rapprocher le type kurde de celui de l'ancienne Ninive, plutôt que des figures plus harmonieuses et
plus douces de la Perse.

Maintenant, si nous consultons les auteurs, tout fait pré-
sumer que le langage des Kurdes est une corruption de
celui des Persans. On en compte quinze dialectes, ceux du

---

[1] Ainsi que l'homme du Kurdistan, la femme est très-sensible à l'appât du gain :
ce qui étonne, en considérant la position riche du pays, le degré minime de civilisation, la simplicité d'installation et de mœurs, et enfin, l'orgueil de l'origine.

nord sont inintelligibles pour ceux du midi; les termes, désignant les instruments de guerre, les dignités, etc., sont presque tous turcs ou arabes.

En comparant ces faits aux données du type physique, on serait en droit d'exclure, à peu d'exceptions près, l'élément turc de la population kurde.

La question sur l'origine probable de ce peuple ne peut être basée que sur l'élément sémite et l'élément aryen de la Perse.

Le type physique du Kurde se rapproche du sémite, tandis que son langage incline en faveur de l'iranien, en remarquant toutefois que les Kurdes, fort anciens dans l'histoire écrite par leurs voisins, ne possèdent que les annales de Shérif-eddin d'une date peu éloignée. On est donc réduit aux conjectures sur l'origine du peuple kurde, fractionné encore aujourd'hui en clans, et rappelant notre moyen âge avec tous ses abus et ses misères féodales.

L'histoire des Sémites et la fondation très-ancienne de leur empire dans la Mésopotamie permettent de supposer que les sources des fleuves et, conséquemment, la chaîne du Zagros étaient sous l'influence des Sémites, plutôt que sous le pouvoir des Iraniens. D'où l'on attribuerait à une origine sémitique les anciens Kudrahas des inscriptions de Persépolis, les Kadouches de Xénophon, ainsi que les Gordyens de Strabon, regardés comme les ancêtres de nos Kurdes.

Cependant les traditions, sur lesquelles s'appuie Ferdouzi dans sa grande épopée, regardent les Kurdes comme enfants de la Perse, échappés à l'exécrable d'Hahak qui nourrissait les serpents attachés à ses épaules avec les cervelles de ses sujets. Mais, en considérant que le Shanameh est d'une date moderne et que, à l'époque de sa composition, les Kurdes devaient être fortement iranisés par l'influence séculaire des dynasties persanes qui avaient supplanté les Sémites, on est porté à conclure que les Kurdes étaient Sémites dans la haute antiquité, et que, plus tard, l'élément persan prit le dessus.

Un peuple montagnard, placé entre deux courants puissants, est naturellement entraîné par l'un ou l'autre, surtout s'il manque d'initiative ; ce qui a été, de tout temps, le cas des Kurdes.

Les seigneurs kurdes modernes prétendent à une origine noble ; et, selon les croyances musulmanes, ils se disent les descendants des kalifes.

Les antiquités, dont on trouve les restes dans le Kurdistan, ont été fondées par les nations qui l'avoisinent. Aucun document littéraire n'existe dans la langue kurde, qui doit son peu de livres aux Persans. La position sociale et politique des Kurdes prouve, ainsi que les documents historiques, qu'ils n'ont jamais dépassé une civilisation à demi-barbare, qu'ils n'ont pas eu de roi, et ont toujours vécu de brigandage. Telle n'a pas été l'existence des tribus de l'autre côté de l'Iran, les Afghans et les Beloudjes, avec qui ils paraissent avoir quelque parenté.

Et, si les Kurdes sont d'origine aryenne, ils se trouvent parmi les Iraniens, dont ils ont le type physique et l'état stationnaire laissant tout à désirer.

Ajoutons quelques mots sur leur état actuel : tout voyageur en entrant chez les Kurdes, surtout par la route d'Erzeroum à Tauris, est frappé de l'état misérable de leurs tanières à moitié creusées dans le sol, construites et couvertes avec de la terre mêlée de paille hachée telle qu'elle sort de l'aire, sur laquelle on l'a séparée du grain, en la triturant avec des pierres aiguës fixées à une planche, ou en la frottant avec des disques en fer dont l'assemblage produit l'effet d'une scie.

Ces habitations ont une ouverture centrale pour laisser échapper la fumée d'un foyer entretenu avec de la bouse de vache séchée, seul combustible pour toute espèce de cuisson.

La malpropreté est partout révoltante; les enfants, qui s'agitent dans ces cloaques, ne reçoivent aucun soin; c'est assez dire qu'ils doivent tout à la nature.

TADJIKS ET ILYATES.

[1] Les auteurs modernes ont reconnu deux classes d'habitants entre le Tigre et les frontières de la Chine : les sédentaires Tadjiks et les Ilyates qui sont nomades.

Ces distinctions sont bien motivées, quand on ne considère que l'état social; mais on ne doit pas en tirer de conséquence sur l'origine des Tadjiks et des Ilyates.

La diversité d'origines des Ilyates est constatée par tous les voyageurs, comme nous l'avons fait nous-même ; on rencontre, d'ailleurs, peu d'Ilyates ne parlant que le persan ; car on ne peut assimiler aux Ilyates les Bakhtyaris et quelques tribus du Mazendéran, parce que beaucoup abandonnent temporairement leur domicile pour suivre leurs troupeaux comme les Suisses. La même observation s'applique à plusieurs tribus de Turcomans, qui, malgré un changement pareil de localités, reviennent à leur sol primitif, circonscrit souvent par quinze ou vingt lieues.

Cette transition de la vie nomade à la vie sédentaire est remarquée dans les populations qui, s'occupant principalement à élever du bétail, ne mettent l'agriculture qu'au second rang de leur vocation.

Mais, pour revenir aux Tadjiks, leur origine persane pa-

---

[1] On n'est pas d'accord sur l'étymologie Tadjiks trouvée, d'après Neumann, sous le nom de *Yao-tsi*, qui, selon les uns, était donné aux Persans et, d'après les autres, aux habitants de l'Iran. Parmi tant d'opinions divergentes, nous proposons celle tirée de la langue persane : *Tadj* signifiant la couronne ou coiffure royale, Tadjik serait, sous forme d'un sobriquet, le diminutif du nom de la coiffure distinctive de tous les Persans.

Quant au nom d'Ilyate, on peut le déduire du mot *tribu*, exprimé par *Oeloet* du langage mongol, terminaison plurielle arabe d'une racine turque.

raît assurée par tous les documents historiques, en ce qu'ils seraient les premiers occupants du sol de l'ancien Iran, même dans sa plus grande étendue[1]. Nous ne souscrivons cependant pas, sans réserve, à l'opinion d'Elphinstone, qui désigne les Tadjiks comme la majorité de la population agricole, s'étendant de l'Iran jusqu'au Turkestan chinois. M. Wood a constaté que le Badakhshan, dans l'Hindokouh, est habité par des Persans; et il est avéré aussi que la population agricole de Khiva, celles de Balkh, de Samarkand et de Taschkend parlent le persan[2]. Du reste, la Sogdiane et la Bactriane étant encore occupées par les Persans, à l'époque d'Alexandre, il est certain que cette race a laissé de nombreux descendants à l'est des frontières actuelles de la Perse; tandis qu'on peut mettre en doute et discuter si les cultivateurs de l'Afghanistan et les Dourans du Kurdistan sont des Tadjiks persans.

« Cette extension de la souche aryenne de la Perse, telle qu'elle est rapportée par les voyageurs anglais Elphinstone, Wood, etc., est d'une grande importance; et l'on se demande si la dispersion de ces tribus, jusqu'au Thien-chan et aux hautes vallées de l'Hindokouh, indique les restes de l'ancienne souche iranienne, ou si elle résulte des nombreux bouleversements signalés par l'histoire.

Dans le premier cas, les Aryas de l'ancienne Perse seraient encore bien rapprochés de l'*Aïryanem Vaëdjô* (terme zend signifiant la contrée sacrée), et il y aurait peu de montagnes qui les sépareraient des Siah-Pouch, issus probablement de la souche aryenne de l'Inde.

---

[1] M. Rhode, dans son ouvrage sur le *Zend-avesta*, assimile aux Tazians du Cha-nameh les Tadjiks, qui seraient alors d'origine sémitique; mais cette opinion ne peut s'appuyer sur des preuves historiques, ni sur les données de la linguistique.

[2] Nous devons ces détails au célèbre voyageur, M. de Khanikof, qui vient d'explorer ces pays et s'accorde avec El' Oman, auteur arabe du Thabokat.

Dans le second cas, nous verrions se reproduire un phénomène assez général de la répartition des races humaines et de la dispersion des rameaux appartenant à une même souche, par suite d'un reflux vers leur siége primitif.

C'est ici que les données précises de la linguistique et l'étude du type physique doivent être invoquées pour décider ces questions importantes pouvant seulement être effleurées dans cet opuscule. M. de Khanikof rapporte que les Tadjiks cultivateurs de Bokhara, Samarkand et Khiva, ont le type persan modifié par une plus grande dimension de l'oreille; particularité que l'on rencontre aussi chez les tribus persanes nomades des Djemchides, dans les vallées supérieures des Afghans de Heriroud, près d'Hérat.

Les Tadjiks parlent le persan avec beaucoup de locutions anciennes, comme nous l'avons dit précédemment. N'oublions pas de relater que le vol d'esclaves persans a toujours été pratiqué par la souche turque, et que, aujourd'hui encore, on en vend jusqu'à Khiva. Les recherches de M. Klaproth apprennent aussi que les Turcs de l'Orient, notamment les Ouigours, dont les Uzbeks de Bokhara et de Khiva sont probablement les descendants, étaient presque tous des cultivateurs sédentaires, et s'adonnaient aux lettres, au commerce et à l'industrie.

Il s'ensuit donc que la question de la nationalité des Tadjiks, habitant aujourd'hui des contrées hors de la Perse, est plus compliquée qu'on ne le pensait d'abord.

Ainsi que les voyageurs qui nous ont précédé, nous avons trouvé les preuves du mélange sanguin, chez les habitants de la Perse qui reçoivent le nom de Tadjiks. Tandis que les villes de l'ouest ont accueilli des Sémites, et que les villes de l'est ont reçu des Turcs, des Mongols, des Afghans et des Hindous convertis à l'islamisme : lés campagnes, et surtout les contrées montagneuses, ont repoussé ces intrus.

- Cette presque généralité du type aryen a été confirmée

par les renseignements des voyageurs, sur de belles et vigoureuses populations de la chaîne du golfe Persique, et sur les habitants de la chaîne qui borde la partie méridionale de la mer Caspienne (voir les Bakhtyaris).

• L'histoire des anciennes monarchies asiatiques prouve, d'ailleurs, que des milliers d'individus ont été forcés de s'éloigner de leurs foyers.

On a vu, assez récemment, des Kurdes dans le Khoraçan et des Turcomans dans l'Adelbeidjan; l'antiquité parle non-seulement des dix tribus israélites qui se sont mêlées aux montagnards de la Chaldée, mais encore de six mille Egyptiens venant habiter la Perse.

Les escarpements des montagnes servent de refuges aux fugitifs, comme d'obstacles à l'envahissement des peuplades depuis longtemps établies dans les vallées, ainsi que cela a lieu dans les Alpes, les Pyrénées, le Caucase et l'Himâlaya.

En résumé, il y a tant de restrictions à faire aux observations des auteurs, que nous n'osons les adopter pour l'origine et la parenté des nations, ni pour leur classement en villageois et montagnards.

Nous nous bornons donc à croire que le véritable Persan a dû renoncer à la vie nomade depuis bien des siècles[1]; que le Turcoman vit assez généralement nomade et que le Kurde, quoique sédentaire depuis un temps immémorial, conduit encore ses troupeaux jusqu'aux bords de la Méditerranée.

Ainsi, l'état social n'a eu qu'une importance secondaire dans notre étude des races orientales; les langages mêmes, quoique d'une valeur plus significative, ne servent pas de guide assez sûr pour établir l'origine des individus, quand leurs types physiques n'apportent pas un cachet comme celui des

---

[1] Dans quelques districts du Mazendéran, les Hezar-Yeribis et les habitants du Savat-Kuh changent de demeure, selon les époques de la récolte et les besoins des troupeaux avec lesquels ils hivernent sur les rivages de la mer Caspienne.

déplacements, des envahissements, de la juxtaposition et, enfin, du mélange qui ont présidé à la formation des nations.

AFGHANS.

Quoique mes courses ne se soient pas étendues jusqu'à la contrée habitée par les Afghans, je puis parler de cette nation, dont j'ai vu de nombreux représentants originaires de Hérat, de Caboul et de Pishavar.

Ce rameau, iranien par son langage, doit fixer l'attention d'abord par son type physique.

Tous les Afghans, au nombre d'environ deux cents, que j'ai vus à Téhéran lors du Norous (la plus grande fête du pays) ou comme otages, et pendant mes excursions de trois années en Asie, tous, dis-je, m'ont paru se ressembler beaucoup. Leur taille surpasse rarement la moyenne ; ils sont secs, grêles, agiles et mieux pris d'épaules que les Hindous ; ils ont peu de mollets. Leur couleur est brune foncée, tirant légèrement sur le jaune.

L'œil est foncé, le regard très-ouvert, les sourcils minces sont séparés et légèrement arqués. La chevelure longue et flottante est noire [1], soyeuse, brillante et bouclée. La barbe est généralement peu fournie ; les jeunes gens sont même complétement imberbes. Le nez est presque droit ou légèrement aquilin ; les lèvres sont souvent accentuées ; la face et la boîte crânienne ont des formes ovales allongées.

La longueur du crâne varie de 182 à 195 millimètres ;

La hauteur, de 95 à 107 millimètres ;

Le contour de la tête, de 530 à 580 millimètres ;

---

[1] Je n'ignore ni ne conteste les assertions des voyageurs qui parlent d'Afghans blonds et aux yeux clairs ; mais je n'en ai pas vu. Il faut, en tout cas, tenir compte de l'élément touranien qui, depuis les temps les plus reculés, s'est introduit dans les parages, et même, dans les montagnes de l'Afghanistan.

La courbe d'une oreille à l'autre, en passant par dessus la tête, de 260 à 290 millimètres.

Le front est ordinairement moins développé que chez les Persans.

D'après ce qui précède, les Afghans tiennent de l'Hindou presque autant que les Kurdes du Sémite. La position géographique et les documents historiques donnent l'explication de ces caractères. A s'en tenir aux traditions modernes, qui s'appuient sur la généalogie islamitique, et à l'opinion de W. Jones, les Afghans prendraient leur origine des Israélites et, notamment, des dix tribus menées en captivité par Sennachérib; mais ces combinaisons sont réfutées par leur langage, qui est aryen et se rattache au persan [1].

D'ailleurs, les recherches de M. Wilkin, et principalement celles de M. Lassen, ainsi que les traditions des Dioranis, prouvent que les Afghans étaient déjà établis, au tempsd'Alexandre, dans une partie de leur contrée actuelle; et que, pendant les époques historiques, ils ont gagné du terrain, surtout vers l'Orient.

Cette tribu fière et puissante affirme avoir occupé primitivement les montagnes du Gour rapprochées de Hérat; de plus, il existe encore, sur le territoire afghan, de petits noyaux de populations, qui, comparés aux Tordjiks, seraient persans selon les uns et hindous d'après les autres.

En tous cas, les Afghans sont placés géographiquement entre les Persans et les Hindous; ce qui explique suffisamment l'analogie de leurs types physiques, selon qu'on attri-

---

[1] Je transcris l'opinion d'un savant linguiste, qui distingue l'Afghan du Persan moderne par un caractère plus rapproché des idiômes anciens de l'Iran; car, outre qu'il a conservé une flexion plus abondante, il reflète le milieu p us âpre où il a pris son développement, par la combinaison des consonnes au commencement des mots, par la prédominance des sibilantes et par la fréquence des gutturales et palatales.

bue ces ressemblances au mélange ou à la parenté primitive.

N'ayant pas observé l'Afghan chez lui, je m'abstiens de parler de son état social, de ses qualités et de ses défauts, bien connus aujourd'hui par les renseignements de voyageurs anglais, intelligents et hardis.

Je me permets, cependant, une remarque : je crois les Afghans débauchés, assez mauvais observateurs du Coran sur la prescription des liqueurs fermentées, et trop désireux des extases produites par l'opium.

J'ai été souvent témoin des effets de ce médicament, devenu une habitude pour beaucoup d'entre eux. J'ai, même, dû interrompre quelquefois mes croquis, n'ayant plus, devant moi, qu'un visage contracté, dont les yeux blancs, démesurément ouverts, tournaient leurs paupières vers le Ciel ; la tête, arrêtée dans une position gênée, semblait à peine suivre l'affaissement général du corps.

Cet effet, produit assez longtemps après l'absorption de la pillule d'opium, durait une vingtaine de minutes.

Ceux, pour qui l'usage de ces pillules est un besoin, les portent dans une espèce de tabatière ; on les désigne par Thériakis, du nom de Thériaque.

Chez certains Derviches, l'opium passe avant l'obligation de la nourriture.

J'ai connu beaucoup d'Afghans pendant mon séjour en Perse ; et, malgré leur réputation de guerriers féroces et pillards, je n'ai eu qu'à me louer de la politesse et de l'affabilité de mes commensaux éphémères.

On suppose que les Afghans doivent leur nom aux Persans. D'après une étymologie assez plausible que nous avons recueillie : en langage persan, Firhan signifie hélas, qui, précédé de l'interjection ab, désigne, d'une manière très-expressive, l'horreur inspirée aux Persans par ceux qu'ils appelaient une soldatesque barbare et à demi-sauvage.

Les Afghans, eux-mêmes, nomment leur langue Pukhto, ou Poushto. D'après M. Raverly (*Grammérien of the poushto language, Calcutta* 1856,) la racine poush ou pash signifierait la montagne, c'est-à-dire la localité où Afghan, fils de Talout (Saül), aurait fondé le premier établissement des Afghans. Dans l'Inde, on les appelle Patans. Il est présumable que les Pactyes d'Hérodote (*Livre VII, chapitres* 67 *et* 85) sont en rapport direct avec les Patans d'aujourd'hui.

BAKHTYARIS.

Les Bakhtyaris occupent le versant Oriental du Louristan ; leur nom paraît signifier habitant des frontières [1]. Ils s'étendent de Kirman à Kazeroun et de Koum à Shouster ; ils sont bergers et pillards par instinct, et composent environ 100,000 feux.

Voici une esquisse à grands traits de leur portrait : L'extérieur de cette race annonce la vigueur physique et la décision pour des entreprises hasardeuses. Les hommes ont une taille moyenne, une constitution très-robuste, et sont fort endurcis à la fatigue ; leur teint est brun ; la chevelure noire à ondes longues ; l'œil couvert et ombragé de sourcils épais ; le nez gros, aquilin et abaissé sur la lèvre ; la mâchoire inférieure forte et carrée ; les pommettes sont saillantes et avancées ; le regard est dur et le cou maigre ; il y a du Kurde dans la physionomie du Bakhtyari, que son langage accuserait d'une étroite parenté avec le rameau iranien de la souche aryenne, si l'examen du crâne cérébral ne rendait circonspect sur la véritable origine de ce peuple, dont la boîte crânienne présente des caractères fort singuliers, en

---

[1] Nous verrons, par la suite, leur peu d'assimilation avec les Loctyes des anciens, lesquels correspondent, quant au pays du moins, aux Afghans de nos jours.

s'éloignant complétement du type aryen, par son front fuyant et par l'occiput taillé à pic.

La longueur d'un de ces crânes, mesurée à la base du front, atteint au plus 180 millimètres, et 150 millimètres en la prenant à trois centimètres au dessus.

Sa largeur, mesurée sur le front, marque 160 millimètres, et sur les tempes 165 millimètres.

La distance de la pointe du nez à la nuque varie de 179 à 222 millimètres. Les 175 millimètres de distance, du menton à la nuque, occasionnent la saillie énorme du nez; le tour de la base du crâne est de 560 à 570 millimètres; la courbe, d'un conduit auditif à l'autre, est longue de 320 à 340 millimètres; et la hauteur du crâne, en partant de l'insertion supérieure de l'oreille, atteint 110 millimètres; la verticalité de l'occiput fait presque disparaître le creux de la nuque.

J'ai constaté cette forme générale du crâne de Bakhtyari, sur ceux qui composaient un régiment entier au camp de Sultanieh, où une vingtaine de mille hommes étaient réunis sous mon commandement, en 1859.

Mes croquis n'offrent que peu d'exemples de cette conformation crânienne sur un Chirazi, deux Kurdes et un Shamchal du Daghistan [1].

Quelle est la cause d'une telle conformation du crâne bakhtyari? Quelle est l'origine de cette population formant un contraste si frappant avec le véritable Persan?

Pour traiter la première question, nous remontons aux auteurs anciens et principalement à Hippocrate (*De aere, locis et aquis*, § 80 à 82) qui jeta les fondements de l'ethnographie. Il parle des Macrocéphales, en signalant les

---

[1] M. le docteur Pruner-Bey assure qu'un assez grand nombre de soldats syriens, dont Mohamed-Ali avait formé deux régiments de gardes, présentaient le même type de crâne surtout à la région occipitale; mais le front était moins fuyant que ceux des Bakhtyaris que j'ai étudiés.

Scythes comme ayant pratiqué la déformation artificielle du crâne. Les traces de cet usage ont été suivies jusqu'aux environs de Vienne, où campèrent ensuite les Avares. Les études de M. Fitzinger sur les crânes déterrés aux bords du Danube, et celles de M. de Baër sur des exhumations en Crimée font entrouvrir ce voile obscur en laissant penser que les anciens Bakhtyaris comprimaient les crânes de leurs enfants avec deux planchettes, l'une sur le front et l'autre sur l'occiput, formant la base d'un appareil qui donnait au crâne sa forme pyramidale et sa largeur transversale ; cependant, rien ne m'a confirmé l'existence actuelle de cet usage.

Hippocrate dit que la disposition héréditaire s'est beaucoup affaiblie quand la déformation factice n'a plus été pratiquée.

M. le docteur Burgières a reconnu, pendant son séjour à Damas, que la compression du crâne des enfants se rencontrait encore en Syrie.

Nous adoptons d'autant plus cette explication de la forme du crâne Bakhtyari, qu'aucune des grandes souches de l'Asie occidentale n'offre une pareille conformation, et qu'il faut, pour en rencontrer d'analogues, se transporter jusque dans la Mélayo-Polynésie, où se pratique, aussi, le moyen précédent de donner au crâne la forme pyramidale.

Je laisse la solution de la seconde question à un savant anthropologue, qui affirme : 1° que la forme originaire des crânes précités a dû être beaucoup raccourcie (Brachycéphale), car un crâne dolichocéphale se prêterait difficilement à la déformation désignée ; 2° que les crânes des Avares appartenaient à la catégorie des brachycéphales ; en sorte que le crâne cérébral du Bakhtyari n'aurait pas renié son origine touranienne malgré la déformation de son visage. Sans être aussi explicite, nous croyons le Bakhtyari tenir plus du Kurde que du Persan proprement dit ; la forme de sa mâchoire inférieure ainsi que la saillie de ses pommettes militent d'ailleurs pour une origine turque.

Nous persistons donc à regarder, jusqu'à information plus précise, les Bakhtyaris comme le mélange des Scythes touraniens avec les anciens sémites de Babel-Assour.

Ils ont probablement peu de sang aryen, quoique leur idiôme les en rapproche, et nous devons établir ce qui incline en faveur de chaque opinion, lorsque les types physiques d'Europe et surtout d'Asie sont en contradiction avec le langage.

Vu la grande étendue de l'idiôme persan et de ses affiliés, et, en considérant les données historiques indiquant les courses continuelles des Scythes sur le sol de l'Iran dans les temps anciens, et celles des tribus turques à une époque plus récente, nous tenons les Bakhtyaris comme des étrangers ayant adopté la langue du pays; ce qui étonne peu, d'après la position excentrique de ces montagnards dont les traditions confirment d'ailleurs cette conclusion, puisqu'ils prétendent être venus de *Roum*, c'est-à-dire de l'ouest de l'empire turc, et ne peuvent, dès lors, donner une date ancienne à leur établissement actuel.

Ne possédant pas les données de la science historique assez rigoureusement pour préciser cette dernière date et pour déterminer le rameau spécial auquel appartient la tribu des Bakhtyaris, il faudrait des recherches sur les noms et les individus, sur leurs mœurs et leurs usages, pour entreprendre la solution de cette question, dont nous nous bornons à signaler la lacune plutôt que de nous aventurer dans une région encore ténébreuse.

INDIENS.

TYPES PRINCIPAUX DES ARYENS ET DES HABITANTS PRIMITIFS DE L'INDE.

Avec ses millions d'habitants dérivés de so··· ¹⁾es différentes qui se sont juxta-posées et plus ou moins n._   surtouٴ au nord, avant ou après le commencement de l'histoire, l'Inde offre un grand nombre de documents historiques et linguistiques, qui se rapportent à l'ethnologie.

Mais nous sommes moins bien renseignés sur les types physiques, dont nous n'avons pour la plupart que des descriptions superficielles. C'est même à cause de cela que j'ose apporter ma faible contribution à l'ethnologie indienne. Et, sans avoir visité ce monde exceptionnel, je crois nécessaire d'établir, avant tout, l'authenticité des types ci-joints, en recourant aux auteurs qui ont déjà traité cette matière.

Indépendamment des couches ethniques déposées dans les temps historiques, les plus anciens documents de la littérature des Hindous, ont montré la différence assez tranchée entre eux et les habitants originaires des contrées conquises par leurs ancêtres ; l'établissement et le nom de la caste *Varnacouleur* sont tout aussi significatifs à cet égard.

En flétrissant la valeur morale des indigènes, les auteurs les appellent Asuras (nations hostiles), Dasyous (serviteurs), Nishadas et Rakshasas (sauvages des forêts) hommes grossiers ; entre autres, ils disent les Krishnas, être des Rakshasas de couleur très-foncée.

Les épithètes d'Anasikhas (sans nez) et de noirs comme des corbeaux donnent des éclaircissements aussi précis sur quelques-uns des traits qui distinguaient, de tout temps, les races primitives de l'Inde du conquérant aryen.

Nous sommes, dans l'Hindoustan, devant un ordre inverse de choses relativement aux différentes couches nationales :

tandis que nous trouvons l'Aryen , se considérant comme immigré premier possesseur du sol persan ; dans l'Inde, au contraire, l'Aryen paraît avoir presque perdu la réminiscence de son immigration. Et quoique, sa littérature indique qu'il a trouvé le sol indien déjà occupé, il est probable, aussi, que le *grand Singe*, qui aida le héros Rama à conquérir Ceylan, était un chef non aryen, rappelant, par cette dénomination, son origine d'homme de couleur.

Voyons, maintenant, ce que la grande épopée, le Ramayan a (*odyssée de Valmiki*) [1], enseigne sur l'idéal 'de la beauté virile, selon l'Indien de souche aryenne.

Valmiki dépeint Rama, le Dieu du plaisir et de l'amour, en ces termes : ses épaules sont larges, ses bras vigoureux, son cou en forme de coquille, ses joues relevées, ses bras s'étendant jusqu'aux genoux. Il a un aspect mâle et courageux, la tête bien conformée et le front ouvert ; son corps est d'une symétrie rigoureuse et a la couleur de l'hyacinthe ; ses yeux sont allongés ; sa poitrine est pleine et arrondie. La part étant faite à l'exagération symbolique de quelques traits, dont la poésie se fait un devoir et un droit ; partout, l'homme a façonné le beau idéal et même ses Dieux, d'après ses traits et son image, dans le domaine de l'anthropomorphisme ; ce qui arrive dans l'Inde comme en Grèce.

On relève, de ce portrait d'ancienne date, les caractères de la race aryenne, telle que nous en donnons des échantillons dans les portraits des Hindous actuels.

Parmi les auteurs modernes, Prichard (*Recherches in to the phis. histor. of Mankind*) a réuni les documents de voyageurs et de résidents anglais sur le type hindou de la souche

---

[1] Valmiki, le plus ancien et le plus célèbre des poëtes hindous : on le suppose contemporain de Rama, et on le place vers le quinzième siècle avant J.-C., il est regardé comme le père de la poésie-épique des Indiens. On a, sous son nom, un magnifique poëme, le Ramayana, en langue sanscrite.

aryenne, dont Christian Lassen a fait un résumé dans son mémorable ouvrage sur les antiquités de l'Inde (1er vol.).

C'est en m'appuyant sur ces auteurs que je me suis assuré de l'origine des individus que j'ai étudiés.

Ils viennent tous du nord de l'Inde et sont Musulmans, Kashmire, Delhi, Agra, du Sind et de Multan.

Il est reconnu que les hommes du nord l'emportent sur les Hindous du Bengale, pour la taille et la vigueur de leur constitution, mais non pour la couleur. Vu la croyance religieuse qui n'admet pas les castes, je puis écarter les différences signalées par mes prédécesseurs entre les Brahmans et les autres Aryas, ainsi que les nuances dans le régime élémentaire des Brahmans remarquées par les frères Schlaginweit.

Il me paraît certain que le type de l'Aryen de l'Inde, malgré ses différences de taille, de construction et de couleur, est le plus homogène de tous, à l'exception du type arabe.

La taille de l'Aryen de l'Inde surpasse rarement la moyenne, et lui est presque toujours inférieure ; sa charpente est d'une délicatesse extrême, les contours en sont d'un caractère féminin ; la taille fine, les hanches arrondies ; la couleur de la peau s'approche du bronze (mélange de jaune et de noir, un peu verdâtre).

Les rapports entre le tronc et les extrémités sont symétriques, à l'exception des bras un peu allongés dans leur partie supérieure (*l'humerus*) ; les épaules sont arrondies ; le cou est moins long que chez le Persan et plus hémisphérique au devant ; les extrémités inférieures sont bien prises ; les jambes sont généralement grêles et nerveuses ; les pieds petits et bien arqués ; les mains sont d'une délicatesse exquise ; toutes les articulations sont petites ; la peau est luisante et onctueuse ; la chevelure, abondante et d'un lustre satiné, est fine et lisse ; elle boucle à ondes larges et n'est jamais frisée, pas plus que la barbe qui est épaisse au menton, tend à se séparer en mêches; les favoris sont très-étroits et peu fournis près des oreilles; les moustaches sont courtes et très-soyeuses.

En général, l'Hindou paraît plutôt délicat et souple que fort. Sa tête répond aux exigences de la beauté; la boîte cérébrale, mince dans sa texture comme l'indiquent les échantillons que nous avons recueillis, a la forme la plus ovale[1]; elle se distingue par une grande capacité relativement à la face.

Le front spacieux s'incline quelquefois légèrement au troisième tiers de sa grande hauteur; il domine complétement les régions de la face qui est parfaitement symétrique et jamais allongée ni élargie; la figure, quoique maigre, n'a pas les dimensions de celles du Persan et du Turc, pas plus que les formes anguleuses du Sémite ne ressemblent à celles de l'Aryen de l'Iran; elle est petite, et par conséquent moins mâle dans ses proportions. En passant aux détails de la face, nous mentionnerons que les sourcils sont, ainsi que les cils, fins, soyeux et légèrement courbés; l'œil très-ouvert a sa fente bien découpée en ligne horizontale; son expression douce, languissante, méditative, parfois vive et spirituelle, n'annonce cependant pas la passion, son éclat répond à la lumière intellective; la couleur de l'iris varie du jaune au brun clair. Le nez conserve une juste proportion avec le reste du squelette facial. Il est relevé, légèrement courbe, s'approchant de la forme aquiline, et les narines sont étroites; la bouche est d'une grandeur médiocre, les lèvres sont très-minces, surtout la supérieure; le menton, très-petit, est arrondi et marqué d'une fossette.

---

[1] Le diamètre antéro-postérieur est de 19 à 20 centimètres ;
Le fronto-temporal, 135 millimètres ;
La circonférence, de 55 à 58 centimètres ;
La hauteur du front, de 97 à 102 millimètres;
L'arc de mastoïdien de 28 à 29 centimètres.

La face est en parfaite harmonie avec la forme ovale du crâne.

Regardées de profil, les joues sont bien alignées avec les tempes; le bord postérieur de l'oreille est penché vers l'occiput.

Dans la région des mâchoires, soit de face, soit de profil, les dents, petites et d'un blanc nacré, s'écartent rarement de la verticale.

TYPE DES ABORIGÈNES NON ARYENS DE L'INDE.

Après avoir esquissé le portrait de l'Aryen de l'Inde, portons notre attention sur un second groupe, représenté par des dessins assez nombreux pour en saisir les caractères différentiels et marquer la place de cet Indien, dans la carte ethnographique si bigarrée de la grande péninsule.

Ce type présente un crâne très-allongé jusqu'à 215 millimètres, et comprimé aux tempes.

Le front est bombé ou fuyant; la figure accuse l'origine indienne dans ses traits ou dans son expression, mais elle s'écarte, dans ses proportions, de la beauté symétrique de l'Aryen; l'œil, doux et assez grand, a sa fente peu allongée, les sourcils sont courbes et souvent peu fournis, la barbe est claire-semée dans toutes les parties du visage; il n'y a qu'une seule exception dans les sujets que j'ai pu étudier. La barbe manque presque entièrement à plusieurs individus appartenant à ce type; la chevelure abondante forme un contraste frappant avec le menton dégarni; elle est toujours d'un noir de jais comme dans la race précédente. Le nez se termine en pointe légèrement relevée, ou découpée à angle obtus de haut en bas; il est court relativement à la partie inférieure de la figure, et les narines sont élargies; les lèvres, bien que la bouche soit petite, sont très-accentuées et lippues.

Les pommettes en saillie contrastent avec la courbe du profil, qui se rétrécit considérablement vers le menton.

Tous ces individus sont de petite taille; ils ont les extrémités maigres et allongées, les épaules fortes et arrondies, les mains et les pieds petits.

La couleur de la peau varie entre le bronze et le brun noirâtre ; l'iris est de couleur jaune-brun.

C'est le type le plus éloigné de la beauté mâle de l'Aryen, parmi ceux que j'ai observés dans mes voyages.

De même que chez les Turcomans, la femme, dont nous présentons le portrait, paraît être, parmi ces Indiens, l'opposé de la race. Sa tête, arrondie en avant avec les bosses frontales bien dessinées, est encadrée par une chevelure épaisse, courte et à ondes allongées ; les yeux sont grands et leurs bords extérieurs légèrement relevés, l'iris est jaunâtre, les sourcils sont très-noirs et arqués ; la couleur de la peau est olivâtre ; les émotions se trahissent par un léger changement dans la figure, qui a le même contour que celle de l'homme. Le nez est un peu relevé, à narines ouvertes; la bouche sensuelle et petite, les lèvres sont d'un rouge cerise ; le cou et les épaules ont la forme masculine; les bras sont longs, les mains petites ; les seins tombants ; le buste est long et mince ; les hanches sont peu développées ; les jambes droites et grêles ; le pied présente une réunion de caractères contradictoires : il est cambré comme celui de l'Aryen, et a son talon allongé comme celui du nègre.

Quelle peut être la souche originaire de ces individus, qui paraissent former une partie de la population de l'Inde septentrionale? Nous savons, par les rapports des voyageurs, que le Penjab et le Sind possèdent, à côté des aristocraties hindoue, afghane et arabe, une population agricole désignée sous le nom de Djats. Les traits distinctifs de cette classe laborieuse ressemblent assez aux traits de notre type pour les ranger tous deux dans la même catégorie; mais, quelle est l'origine des Djats, dont le nom ne comporte aucun renseignement? Les opinions de nos devanciers sont divisées à cet égard: les uns y voient une colonisation touranienne arrivant des hautes vallées de l'Himalaya dans les plaines fertiles, tandis que d'autres les déclarent des Hindous déchus de leurs castes.

Sans développer tous les détails de nos recherches, nous croyons pouvoir déclarer que les Djats sont Indiens d'une souche différente de celle des Aryens, par les considérations suivantes :

La boîte cérébrale et l'ensemble de la figure des Djats n'accusent pas un caractère touranien. Tandis que l'Inde fournit, dans son vaste territoire, des tribus éparses et des nations compactes, dont le type physique s'éloigne fort peu de celui de nos portraits; la grande souche dravidienne, dans le Dekkan [1], offre des physionomies analogues à nos types (voyez Logau et Caldwell), malgré son éloignement du centre de mon travail; ce qui n'est pas étonnant, si l'on se rapporte aux travaux de M. Lassen, affirmant la parenté des Brahonis du Beloutchistan avec les Dravidas, par leur physique et par leur langage, quoiqu'ils en soient très-éloignés et séparés par les nombreuses peuplades de Kols, de Bhils, de Gonds, etc. Ainsi tout porte à croire que la même souche a occupé les plaines fertiles du nord et du midi depuis un temps immémorial.

L'histoire apprend, d'ailleurs, que ces contrées ont commencé à être envahies par les Aryens; d'où il suit que la po-

---

[1] Décan ou Dekkan signifie sud en sanscrit, les Dachinabades des anciens, partie méridionale de l'Inde en-deçà du Gange. Cette immense contrée forma longtemps un état particulier; elle fut conquise au dix-septième siècle par Aureng-Zeyb; et, après la mort de ce prince, se partagea en un très-grand nombre de principautés. Aujourd'hui, les Anglais ont réuni une partie du Décan à leurs possessions immédiates; le reste forme un royaume tributaire divisé en 5 soubabhies ou vice-royautés, savoir: Haïderabad, Bider, Berard, Aurengabad et Bedjapour. On désigne collectivement ces 5 vice-royautés sous le nom des 5 Draviras.

pulation aborigène du Penjab et des pays limitrophes a dû
perdre promptement son langage et modifier son type primitif en se mélangeant avec la race aryenne, avant de résister à
son absorption par les indigènes à l'aide des lois de fer du
brahmanisme, qui ont contribué de plus en plus, par les
Outcasts [1], au mélange du sang aryen avec le sang allophyllétique [2] des peuples du nord, dont nous venons de tra-
cer le portrait. Et, pour motiver encore cette assertion, nous
en donnerons la contre-épreuve en ajoutant aux portraits pré-
cédents celui d'un homme d'Haydérabad, ville qui a vu se suc-
céder tant de hordes étrangères à l'Inde. Cet individu dénote
l'origine touranienne par son crâne arrondi, dont le diamètre antéro-postérieur n'est que de 175 millimètres, tandis
que l'aspect de sa tête coiffée du turban pourrait faire supposer une tout autre origine.

Cet exemple prouve la ténacité de la souche touranienne à
conserver son type, dans l'Inde et dans l'Iran, comme nous
l'avons remarqué pour les Turcomans, malgré le mélange
que leur sang a évidemment subi avec celui de la Perse.
Ajoutons que la forme de tous les crânes du midi de l'Inde
correspond à celle de nos têtes du nord, et est toujours allongée, ainsi qu'on le voit dans la collection de crânes du
Muséum d'histoire naturelle.

BELOUDJES.

Pour compléter le cadre de la famille aryenne dans tous
ses rameaux et ses branches, nous destinerons quelques mots
aux voisins occidentaux des Afghans.

Par rapport à ces derniers, les Beloudjes sont dans une
position analogue aux Kurdes. De même que ceux-ci forment
la barrière entre l'Iran et la Mésopotamie pendant qu'ils

---

[1] *Outcast* (qui a perdu sa caste).
[2] *Allophyllétique* (toutes les souches non aryennes).

sont en contact avec les Turcs; aussi, les Beloudjes confinent, à l'est, les populations aryennes de l'Inde, tandis que, à l'ouest, ils sont séparés des Sémites par la mer et les déserts. A leur côté, se trouvent asservis, en partie par eux, les Brahonis, population non aryenne de l'Inde. La continuité de leurs rapports avec l'Iran s'établit principalement par le Kerman.

L'extérieur du Béloudje, habitant les déserts et les montagnes les plus arides de l'ancienne Gédrosie, n'offre rien de frappant à l'observateur habitué aux physionomies des Kurdes, des Afghans et des Arabes.

C'est le type du pasteur et du pillard sauvage des montagnes, cités comme beaux de formes et de teint. Les Dumkis et les Yekranis sont les plus grands, les plus massifs, et d'un aspect très-féroce.

Dans les plaines du Sindh, qui furent conquises par les émirs, le Beloudje a le teint très-foncé ; il soigne sa barbe et ses cheveux, qui, dans le Cutch et les montagnes, tombent sur ses épaules et sont entrelacés avec le turban, ce qui ajoute encore à l'aspect de rudesse de cet individu.

Comme ses voisins du nord, le Beloudje teint sa chevelure grise en noir ; les saints emploient le henna pour donner le coloris rouge à leur barbe.

Dans le Sindh, la femme beloudje, habillée d'une chemise, d'un pantalon et d'une étoffe légère sur la tête, est l'esclave qui nourrit de son travail le mari fainéant ; ses traits durs et toutes ses manières prouvent la plus grande dégradation.

La femme du Beloudje des Cutchs a une condition meilleure que la précédente ; car elle prend part aux conseils et à la guerre, où souvent elle couvre de son corps celui du combattant. De même que les Afghans sont divisés en kheils, les Beloudjes le sont en nombreuses tribus (koums) dont les Rinds, les Monghsecs et les Nihroés forment les groupes principaux. On en compte cinquante-huit divisions, et les subdivisions s'étendent jusqu'aux familles. L'orgueil de naissance empêche qu'une fille rinds se marie hors de sa tribu ; en lutte continuelle entre eux, sous la loi du talion, ayant pour devise que le sang ne dort jamais, ils s'entendent toujours pour repousser l'étranger ; seulement, au milieu du siècle dernier, ils formèrent une nation à Kélat sous Nazir-Khan. Les chefs héréditaires de la moindre tribu inspirent un véritable respect.

Le Beloudje sert comme garde à l'étranger ; par sa constitution forte, à toute épreuve, il brave l'influence des localités les plus pernicieuses sur les côtes de l'Arabie et de l'Afrique ; il a même établi des colonies militaires au centre du Dekkan. Là, où le simoun force les corbeaux à s'enfnir, et dans le Sindh supérieur et le Cutch, où la chaleur est sèche, il jouit d'une longévité aussi grande que le Kurde dans ses vallées.

Le Beloudje est sale et paresseux dans son intérieur ; il ne déploie son activité que dans les expéditions de pillage, qu'il pousse très-loin ; il dresse à ses courses son chameau et sa jument-pony (jabow), qui partagent ses fatigues et sa maigre pitance ; un sac de grain et une peau gonflée d'eau sont les seuls préparatifs d'absences qui se prolongent souvent pendant un mois.

Le Beloudje est l'Oriental le plus mal famé ; chez quelques tribus, il se vante d'être né pour le meurtre et le pillage ; aussi a-t-il ce mélange de cruauté et de générosité qui caractérise l'homme d'origine noble, placé dans la triste alternative de périr ou de se ravitailler aux dépens d'autrui.

Fidèle à sa promesse généreuse dans l'hospitalité, fanatique du Coran, ce chevalier des montagnes, toujours armé, devient inactif devant quiconque demande sa protection, et est exploité par le dévot imposteur qui lui parle religion.

Il a ses bardes comme le Radjpont, la bonne humeur et la

sociabilité peu commune à l'habitant de l'Asie. Le courage
et la patiente résistance sont les qualités du Beloudje ; le
dolce-farniente est son plus grand bonheur. La plaisanterie
le captive ; il aime les boissons fermentées.

Il est orgueilleux et avare ; cependant, malgré le reproche
de cruauté et de dureté, il opprime moins ses serviteurs
que l'Hindou. Enfin, le Beloudje est l'homme le plus en-
durci contre les influences atmosphériques, et le plus so-
bre par nécessité.

Quoique empreint de la plus grande rudesse dans les
assemblées, même en présence de ses chefs, le Beloudje est
très-cérémonieux avec ses connaissances.

La dignité exquise et la politesse exemplaire dont faisaient preuve les émirs du Sindh, ainsi que d'autres qualités
éminentes, font entrevoir que le Beloudje n'a été exclu jusqu'à présent des rayons de la civilisation que par l'inclé-
mence du sol, où il vit depuis un temps peu reculé, puisque
la Gédrosie était, à l'époque d'Alexandre, probablement
occupée par la souche dravidienne, de laquelle descendent
les Brahonis du Beloudjistan.

Les Beloudjes n'apparaissent dans l'histoire qu'au commencement du dixième siècle ; et on relève de cette époque
qu'ils se sont étendus du Kerman et du Mekran vers l'est et
le midi, convertis à la croyance de l'Islamisme ; ils ont dû
être en contact intime avec les conquérants arabes. Ils se
croient *Ousouls*, c'est-à-dire d'origine pure, et prétendent
être venus de la Syrie sous le kalife Owalid.

En considérant leur sauvage aspect patriarcal, les traits
sémitiques d'un grand nombre d'individus, leur grand mor-
cellement en tribus, et certains usages, tels que le mariage
de la veuve d'un décédé avec le frère de ce dernier, la lapi-
dation de la femme adultère, etc., on est conduit à penser
que les Beloudjes sont issus des Arabes et des tribus israélites venues dans la Chaldée (*page* 19).

Mais, de même que pour les Afghans et les Kurdes, l'idiôme des Eeloudjes s'oppose à les déclarer d'origine sémitique.

Les communications de M. Leech, appréciées à leur juste valeur par un juge aussi compétent que M. Lassan, prouvent que le langage du Beloudje a le caractère iranien.

MM. Pottinger et Masson, qui, les premiers, ont étudié les Beloudjes dans leur pays, assurent d'ailleurs que la connaissance du persan fait trouver dans la conversation beloudje une grande ressemblance entre les deux idiômes.

J'ai cru devoir joindre à mes études les documents empruntés aux auteurs précités, et particulièrement aux tableau plastique de M. le capitaine Postans, qui a pris part à la dernière expédition de la Compagnie des Indes contre les émirs du Sindh (*page* 39).

Mes deux esquisses de têtes beloudjes offrent des nuances, qui, bien que reconnaissables, ne paraissent pas appartenir à un même type : ce sont des têtes dolichocéphales et ovales.

La tête du derviche présente des contours plus arrondis et une face plus épatée :

Longueur	197 millimètres.
Largeur	157 mil.
Hauteur	115 mil.
Contour	590 mil.
Courbe bioriculaire	340 mil.

L'homme d'Haydérabad, dans le Sindh, a les traits éminemment anguleux du Sémite, soit par la dépression des tempes et la saillie des pommettes, soit à l'angle de la mâchoire inférieure et au menton :

Longueur	195 millimètres.
Largeur	136 mil.
Hauteur	97 mil.
Contour	570 mil.
Courbe bioriculaire	290 mil.

D'après ce qui précède, nous croyons que l'élément sémitique est prépondérant chez les Beloudjes, quoique l'induction, tirée des faits linguistiques, milite en faveur d'une origine aryenne.

DOCUMENTS

Je crois intéressant pour les personnes, qui s'occupent des races de l'Asie occidentale, de recourir à plusieurs documents de différents voyageurs.

« **G. M. L.** Fischer, dans *Ersch et Gruber*, dit les Persans beaux, vigoureux, hospitaliers, belliqueux, affables, polis, spirituels et amusants. Leur teint généralement olivâtre est brun foncé dans la province de Chiraz. La face est ovale, le front haut; les joues sont pleines; les yeux sérieux et vifs; le nez a la forme romaine, le menton est assez développé; le port digne; le maintien mesuré.

A ce beau portrait, il y a malheureusement un envers qui constate la saleté, l'esprit vindicatif, cruel, perfide, le manque d'une véritable amitié, la supercherie, la servilité rampante et, enfin, l'orgueil et l'arrogance.

La femme persane est d'une taille moyenne et svelte; ses cils, ses cheveux allongés, ainsi que ses yeux, sont noirs; elle a les dents blanches, le nez, la bouche, le menton, la main et le pied petits. Son cou est long; sa poitrine rarement pleine; sa peau très-lisse.

Les Persans ont en général le tempérament sanguin; ils aiment le plaisir. Les hommes prennent beaucoup de soin de leurs barbes, comme les femmes de leurs chevelures qui sont taillées carrément à la région frontale, ainsi que le pratiquent ordinairement les musulmanes, chez lesquelles le Henneh, les pâtes cosmétiques et le Kohel sont d'un usage général dans la toilette.

Les Persans teignent leurs barbes en rouge, en couleur acajou et, surtout, en noir. »

« Prichard (*Des. into the phys. hist. of mankind*, passim) s'accorde avec ce portrait, en donnant cependant plus de variété à la couleur de la peau; il mentionne des teints blancs et des blonds aux yeux bleus. »

« M. de Gobineau, dans son ouvrage *Trois ans en Asie*, compare aux Français les habitants entre Bouschir et Kazeroum et surtout ceux des villes, qu'il dit fort beaux avec un type très-varié, beaucoup de blonds à yeux bleus se sentant de l'influence turque.

Il assimile aux Espagnols les paysans entre Descht-e-ånd-joux jusqu'à Kavy-Zengan (dans les montagnes) ; les femmes ont le nez busqué, de belles dents un peu longues, des yeux noirs bien fendus et à la figure généralement ovale, ce qui n'est pas ordinaire chez les Persanes ; leur teint blanc et vigoureux annonce une bonne santé.

Page 161, ce voyageur remarque, dans les environs de Chiraz, une population sordide et souffreteuse ; les enfants à demi-nus, avec des ventres ballonnés et des figures livides qui dénotent la fièvre.

Page 179, il fait une comparaison au désavantage des Turcs d'Hamadan, sauvages, petits et déguenillés qui l'escortaient; ceux-ci n'avaient plus la beauté ni la grande tournure des cavaliers Mamacénys et Khorassanys, qui l'avaient accompagné depuis Bouschir.

Les paysans de quelques villages, et particulièrement de Schemsabad près de Persépolis, montrent encore la belle physionomie achéménide. »

« M. Pichering (*Varieties of man*), qui a visité les Parsis de Bombay (Guèbres adorateurs du feu), dit : Quelques-uns ont le teint aussi clair que les Européens; mais c'est loin d'être la règle. D'autres sont plus foncés même que les Malays.

Ces Persans se rasent la chevelure en laissant quelquefois une mèche adhérente aux favoris.

Leurs femmes ne sont pas voilées. On contracte les mariages dès la plus tendre enfance ; cette cérémonie se fait avec beaucoup de pompe ; l'adultère est puni de mort : la femme coupable est obligée de s'empoisonner elle-même.

Le Parsi porte un cordon mystique au cou, probablement en imitation des Brahmans. Les cadavres sont exposés dans des tours funéraires sur trois galeries ouvertes, qui séparent les femmes, les hommes et les enfants. »

Je dois ajouter à ce récit que la même coutume se continue chez les Guèbres de Yezd. Elle tient à l'idée dominante de l'ancienne religion mazdamenne sur la classification des êtres en purs et impurs. La terre était considérée comme pure et sacrée, et toute inhumation l'aurait souillée. C'est à cause de pareilles croyances, mentionnées dans les anciens auteurs grecs, que les Bactriens faisaient dévorer les morts par les chiens. Hérodote, en parlant des anciens usages des Persans, affirme que les corps des mages était abandonnés aux chiens et aux vautours. On enterrait de tout temps les os desséchés, qui sont considérés comme purifiés.

L'habitude d'enduire de cire les cadavres, pour éviter sans doute une souillure à la terre, est citée par le Père de l'histoire. Maintenant encore, ce sont les oiseaux de proie qui dévorent les chairs exposées comme nous l'avons dit. Les mêmes considérations, à propos de la pureté de la terre, expliquent pourquoi il était illicite, chez les anciens Persans, de cracher par terre. Xénophon et Amm.-Marcellin font la même remarque.

6. Le baron Bode, dans son livre sur l'Ethnologie *paru à Londres en* 1848, décrit les Tadjiks persans, d'Asterabad et du Mazendéran en général, de la manière suivante : Les montagnards sont d'un extérieur imposant, habillés presque tous en noir avec le Koullah de la même couleur sur la tête, portant un long fusil à mèche en bandoulière sur l'épaule. Leur figure pâle, animée par des yeux noirs et pleins de courage, est encadrée par une barbe foncée et touffue. Ils ont l'aspect grave, une expression réfléchie et inquiète.

Les habitants du Savat-Kouh sont les descendants des montagnards qui défendaient les défilés du Mazendéran sous Roustem, le héros légendaire, contre le Dew-sefid (génie blanc) ; ils sont grands, et ont les yeux et les cheveux d'un noir de jais ; leur figure est animée.

A ces deux tribus, appartiennent les Larijanis et Taneboukounis, races endurcies, sauvages athlétiques, ayant les membres bien proportionnés.

Les femmes de ces contrées sont très-belles.

Le baron Bode parle ensuite longuement des Turcomans; (vol. I, page 60) il nomme les tribus entre Bokhara, Elbourg, la mer Caspienne et Khiwa. On voyage peu dans ces pays qui n'offrent aucune sécurité. Leurs grandes divisions s'établissent ainsi :

La plus noble tribu est celle de Salu, occupant Sereks à l'est de Meshed, sur la route qui conduit à Bokhara, Saruk ou Sarck, et à Merw jusqu'à Khiwa.

Tekké est la tribu la plus nombreuse, éparpillée sur les pourtours septentrionaux de l'Elbourg nommés Attok, jusqu'au N. O. de Meshed, et subdivisée en tribus Akkal et Tedjen.

Les Gocklans sont à l'ouest de la tribu des Tedjen, et les Yamouds à l'ouest des Gocklans. Les limites des migrations de ces tribus sont : à l'ouest, la mer Caspienne; au midi, la grande chaîne de l'Elbourg et la province d'Asterabad; à l'est, la montagne qui sépare les Tekkés des Gocklans et des Yamouds ; et, au nord, le désert s'étendant vers Khiwa. Cette contrée, Hyrcania ou Vehrkana (Z. 8ᵉ habitation bénie, Djourdjan des Arabes), est arrosée de l'est à l'ouest par deux grandes rivières, qui se rendent à la mer Caspienne.

Le Gurgan et L'Attrek forment une contrée saine, à l'exception des bas-fonds des fleuves, séparée du Djourdjan par un terrain neutre, que signale un minaret solitaire.

Les Yamouds comprennent quatre sections principales.

1° Sheref subdivisé en 6 clans.

2° Chuni   en 10 clans.

3° Beyram-Shali   en 5 clans.

4° Koudjouk-Talar en 8 clans.

Ils se composent de 40 à 50 mille familles sur les deux fleuves, et parcourent en été les collines de Balkhan ; beaucoup de ces familles sont établies à Khiwa.

Ils se divisent en Dschomours et Dshorvas, selon leurs occupations et leur voisinage par rapport à Asterabad.

Les Yamouds-Dschomours, sur le Djourdjan, s'étendent au midi jusqu'à Karason. Ils sont cultivateurs tout en se livrant à l'industrie. Leur marché est Asterabad. Moins sauvages que les Dshorvas, qui, étant généralement nomades, cultivent peu, ils sont plus à l'abri de l'influence du gouvernement persan ; les Yamouds-Dshorvas, au nord de l'Attrek.

On voit, entre le Djourjan et l'Attrek, une grande muraille en ruine, attribuée à Gog et Magog, à Noushirvan et à Alexandre, ayant des redoutes carrées et des tours, vestiges d'anciennes villes, et un grand réservoir d'eau, lac agité comparativement au Mœris. Près de Turjan, les restes de la résidence de Timour.

60 collines artificielles (tumuli), dans les plaines de la turcomanie, contiennent des objets en cuivre, en or et en marbre.

Dudurga et Alghidagli sont les pères de la race des Gocklans ayant plusieurs clans : les Yangakh, Senkrik, Kerrik, Boïnder, Kara, Balkhan, Erkegli, Koü, Ayderouich, qui se composaient jadis de 12,000 familles, dont une partie fut forcée, par le khan de Khiwa, à s'établir dans cette ville, qu'ils ne pourraient quitter sans un grand péril. Les Gocklans sont Sunnites; leurs mollahs et kadis instruits à Khiwa sont peu avancés.

Quatre petites tribus très-respectées, se disant descendantes des quatre califes Kodja, Atta Thikhs et Makhtumkouli, ont le privilége de la franchise pour leurs marchandises.

En résumé, les Yamouds sont nomades, tandis que les Gocklans sédentaires se livrent à l'agriculture.

Les Turcomans, plus rusés et insidieux dans leurs entreprises spoliatrices que courageux, se transportent vite, observent et attendent le moment favorable pour piller, en se servant du sabre et de la lance plutôt que des armes à feu.

Ils sont cruels et rapaces, et font beaucoup de prisonniers qu'ils vendent comme esclaves; on les craint beaucoup dans le Mazendéran, Asterabad, et dans les pays qui avoisinent leurs frontières indécises.

Ils ont un grand orgueil de race et ne donnent jamais leurs filles à des étrangers. Les fils des femmes persanes ou kazakhs (esclaves de Khiwa) ne peuvent épouser une fille turcomane de pur sang. Les Yamouds et les Gocklans ne se marient pas entre eux, et encore moins avec les Tekkés qu'ils méprisent comme issus de femmes esclaves.

Ils se marient jeunes, les garçons à 14 ou 15 ans, les filles de 10 à 12 ans. La jeune épouse, après avoir passé deux ou trois jours avec son mari, retourne, pour deux ou trois ans, chez ses parents, y préparer tout ce dont elle aura besoin dans son intérieur; le jeune couple vit, ensuite, chez le père de la femme pendant une année, après quoi il a sa tente et son installation séparées; c'est alors que cessent les droits paternels.

Les Turcomans préfèrent les jeunes veuves, parce qu'elles sont plus faites au travail dur; aussi double-t-on le prix de ces femmes.

Le baron Bode (pag. 71-74) trouve au Turcoman quelque affinité avec le Mongol : mais son œil est plus grand, la pupille plus claire, le nez moins aplati, et les lèvres moins épaisses; comme le Mongol, les pommettes sont hautes; et, pour le reste, la différence est plus marquée : le front haut; la chevelure moins noire; la poitrine étroite et aplatie comme chez le Persan. Le Turcoman est ordinairement grand; l'usage de l'arc lui rend les bras musclés; les extrémités inférieures sont moins crochues que celles du Mongol, quoique les orteils soient tournés en dedans. A cette occasion, nous citerons, comme se rapprochant plus du type Mongol, le Kalmouk qui a le front bas, la tête déprimée, les pommettes faisant saillie, le nez plat, les lèvres enflées, l'œil petit, noir et enfoncé, les cheveux noirs, la poitrine large et musclée, tandis que les extrémités sont courtes et courbées.

Page 72 et 73, il les compare aux Nogays, qui formaient jadis la horde d'or avec les Krim, et aux gens d'Astrakhan et de Kazan.

Le baron Bode est en contradiction avec tous les auteurs, en disant les gens d'Astrakhan et de Kazan plus ressemblants aux Mongols que les Nogays; cette erreur provient du croisement des Nogays avec les Tcherkesses comme de celui des Turcomans avec les Persanes.

La femme turcomane est grande et forte; elle a la face plus ronde que l'homme, les pommettes sont moins saillantes, les yeux noirs avec de grands sourcils. Plusieurs ont un beau teint; le nez est aplati, la bouche petite avec les dents blanches. Jeune, elle est assez jolie; mais les rudes travaux du ménage, dont elles ont tous les soins, la déforment bien vite. Les matrones sont hideuses; les rides couvrent leur figure plate dans tous les sens, l'œil s'enfonce et le nez s'efface de plus en plus sous la compression du mouchoir qui leur cache la bouche et le menton. »

« Ammianus-Marcellinus, trois siècles avant J.-C., donne un portrait plus détaillé des Persans; il mentionne la résistance de leurs cadavres à la putréfaction, contrairement à ceux des Romains; et il ajoute liv. XIX, 9 : Quod vita parcior facit, et ubi nascuntur, exustæ caloribus terræ.

XXIII, 6, § 75... Graciles pœne sunt omnes, sub nigro vel livido colore pallentes, caprinis oculis torvi, et superciliis in semiorbium speciem curvatis junctisque, non indecoribus barbis, capillisque promiscuis hirsuti.....

§ 76. Effusius plerique soluti in venerem, ægreque contenti multitudine pellicum : puerilium stuprorum expertes : pro opibus quisque adsciscens matrimonia plura vel pauca. Unde apud eos per libidines varias caritas dispersa torpescit. Munditias conviviorum et luxum, maximeque potandi aviditatem vitantes, ut luem.....

Xénophon a fait, sept siècles avant Ammianus-Marcellinus, le même éloge de la sobriété des Persans.

§ 80... Adeo autem dissoluti sunt, et artuum laxitate vagoque incessu se jactitantes, ut effeminatos existimes, cum sint acerrimi bellatores : sed magis artifices, quam fortes, eminusque terribiles : abundantes inanibus verbis, insanumque loquentes et ferum : magnidici et graves, ac tetri, minaces juxta in adversis rebus et prosperis, callidi, superbi, crudeles vitæ necisque potestatem in servos et plebeios vendicantes obscuros. Cutes vivis hominibus detrahunt particulatim vel solidas : nec ministranti apud eos famulo mensæque adstanti hiscere vel loqui licet, vel spuere : ita prostratis pellibus labra omnium vinciuntur.

§ 81. Leges apud eos impendio formidatæ, inter quas diritate exsuperant latæ contra ingratos et desertores : et

abominandæ aliæ, per quas ob noxam unius omnis propin-
quitas perit.

§ 83. Equitatus virtute confisi, ubi desudat nobilitas
omnis et splendor...

§ 84. Indumentis plerique eorum ita operiuntur lumine
colorum fulgentibus vario, ut,... inter calceos tamen et verti-
cem nihil videatur intectum.

XXIV, 4, § 27... Ut in Perside, ubi feminarum pulchri-
tudo excellit.

XXIV, 1, § 8... Captivos graciles suapse *natura, ut pœne*
sunt Persæ. »

Les auteurs Arabes vantent les Persanes comme bonnes
nourrices.

Le Zendavesta explique la ressemblance des Persans entre eux, en recommandant le mariage entre cousins ger-
mains, les historiens rapportent aussi que les mariages con-
sanguins se contractaient aussi entre frères et sœurs du
même lit.

Les auteurs anciens s'accordent à ranger les Persans parmi
les races humaines du plus beau type. (Voy. Quinte-Curce,
liv. II, p. 24 ; et liv. III, p. 21, 22. —Plutarque, *Alexandre*,
où il est dit que les Persanes sont belles et grandes).

Hérodote observe que leur crâne est mince comparé à celui des Egyptiens.

Xénophon (dans l'*Anabasis*, liv. III, et dans la *Cyropédie*)
insiste beaucoup sur la constitution sèche des Persans.

Arrien cite les femmes de l'aristocratie persane comme les
plus belles de l'Asie.

La cruauté dans les punitions est de toutes les époques
en Perse ; j'aurai, plus tard, l'occasion de revenir sur ce cha-
pitre, en décrivant tous les genres de supplices encore en
usage à Téhéran.

Les limites restreintes de cet aperçu ne laissant pas place
à de nombreux détails de mœurs ; je me suis borné à indiquer
quelques caractères généraux, et me réserve d'initier, dans
un travail prochain, le lecteur aux habitudes des Persans
en développant le journal quotidien tenu très-exactement,
pendant trois ans, sur les usages de ce peuple différant telle-

ment des nôtres qu'on semble entrer dans le domaine anecdotique, en racontant simplement la vérité.

Dès la publication de la première partie de ce travail, LL. EE. les Ministres d'Etat et de l'Instruction publique ont décidé que mes dessins-types feraient partie de la collection des Vélins de la bibliothèque du Muséum d'histoire naturelle.

L'Académie des Sciences, dans sa séance du 16 mars 1863, a accueilli favorablement la communication de cet opuscule dont M. de Quatrefages a rendu compte de la manière suivante :

« M. le commandant Duhousset, envoyé en Perse pour contribuer à l'Instruction militaire des armées du Schah, a employé ses loisirs d'une manière dont lui sauront gré tous les amis de la science. A la fois sculpteur et dessinateur, il a appliqué ses talents à l'étude de quelques animaux domestiques, du chameau et du cheval surtout. Il s'est, en outre, occupé d'une manière toute spéciale des races humaines. Je n'entretiendrai l'Académie que de ces dernières recherches.

« Les études anthropologiques de M. Duhousset ont porté sur huit populations distinctes, savoir : les anciens Persans, représentés encore par les Guèbres et les Parsis ; les Tadjiks et les Iliates ; les Turcomans, les Kurdes, les Afghans, les Bakhtyaris, les Beloudjes et les Ariens Indiens.

« Chacun de ces groupes est représenté dans le travail de M. Duhousset par de nombreux dessins reproduisant les traits de l'homme et ceux de la femme. Ces dessins, exécutés par un homme instruit, et dans un but scientifique, ont une valeur tout autre que ceux qu'aurait pu faire un artiste ordinaire, possédant même un talent supérieur, mais étranger aux questions anthropologiques. Aussi, est-il vivement à désirer que cette belle suite de dessins soit publiée. Si ce vœu n'est pas exaucé, nous savons au moins qu'elle entrera dans quelqu'un de nos établissements publics. Le Ministre de l'Instruction publique et le Ministre d'État viennent d'en faire l'acquisition, et je n'hésite pas à ajouter que sa place naturelle serait à côté des vélins où le Muséum fait représenter depuis tant d'années les plantes les plus remarquables de ses collections.

« Mais M. Duhousset ne s'est pas borné à nous rapporter l'icono-
graphie remarquable que je viens d'indiquer, et dont l'Académie
peut juger par elle-même. Dans le Mémoire que je dépose au nom
de l'auteur, il a donné avec détail les caractères de chacune des
races mentionnées plus haut, et ajouté des dessins à la plume reproduisant les formes typiques du crâne qui leur sont propres. Ces croquis sont accompagnés de nombres indiquant les mesures prises par
M. Duhousset. La plus grande circonférence horizontale de la tête,
la demi-circonférence verticale, le diamètre antéro-postérieur, et le
diamètre transversal, ont été pour chaque race et pour les principales variétés de chacune d'elles l'objet de mesures rigoureuses.
Cette partie du travail de M. Duhousset comble des lacunes réelles
dans l'histoire des races asiatiques ; et, en publiant le résultat de ses
recherches, l'auteur rendra à l'anthropologie un service très-sé-
rieux. »

Paris. — De Soye et Bouchet, imprimeurs, place du Panthéon.

Explications.

Pour ne laisser aucun doute sur le mode de mesurage des têtes, il faut traduire ainsi le tracé :

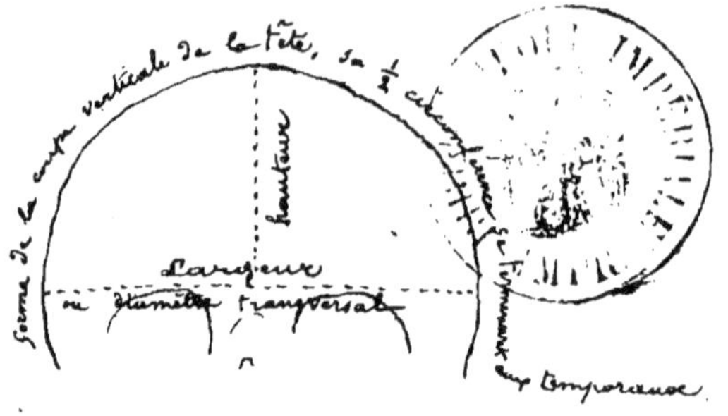

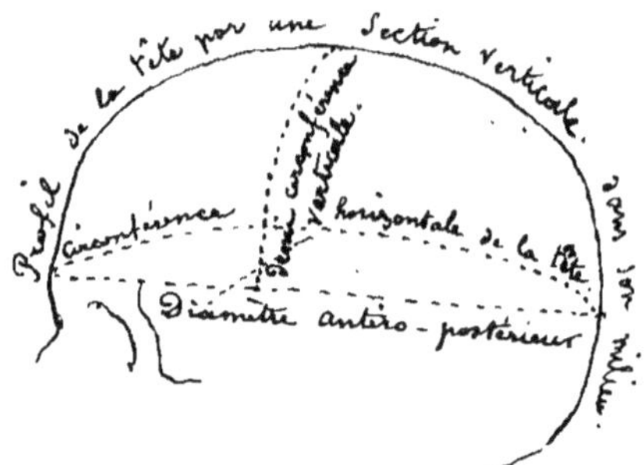

Les nombres inscrits sont des millimètres, je me suis servi, pour les constater, du compas courbe, et d'un mètre flexible en peau.

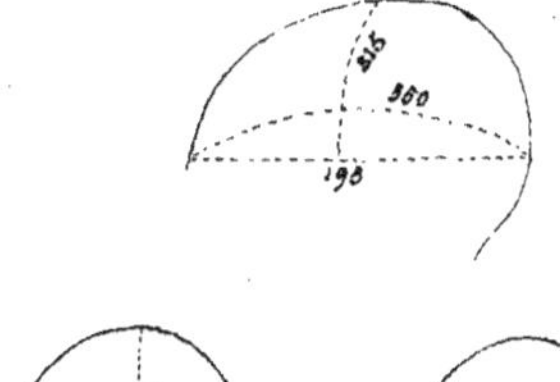

Guèbre de Yezd,
Ardéchir, âgé de 30 ans.
son père et sa mère de Yezd.
front droit et très découvert.
le sommet du crâne vu de face
formant ogive. Tête rasée.

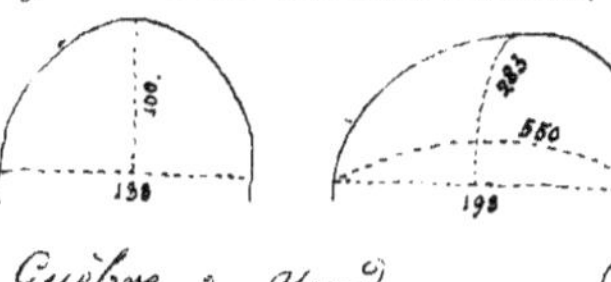

Guèbre de Yezd.
Mehrabonn âgé de 22 ans.
son père et sa mère de Yezd.
tête non rasée; pommettes saillantes,
yeux légèrement relevés aux bords intérieurs.

Guèbre de Yezd,
âgé de 35 ans, front bas, pour la tête
même conformation que la précédente
pommettes saillantes, menton pointu.

homme de Khoï

âgé de 50 ans.

belle figure, barbe très fournie,
aspect mâle, œil enfoncé, type ancien.

homme de Téhéran

homme de Mehrand.

agé de 60 ans.

belle figure, tête rasée.

homme de Khoï.

âgé de 25 ans, tête vigoureusement accentuée,
sourcils se joignant à la racine du nez,
mâchoire inférieure carrée.

4

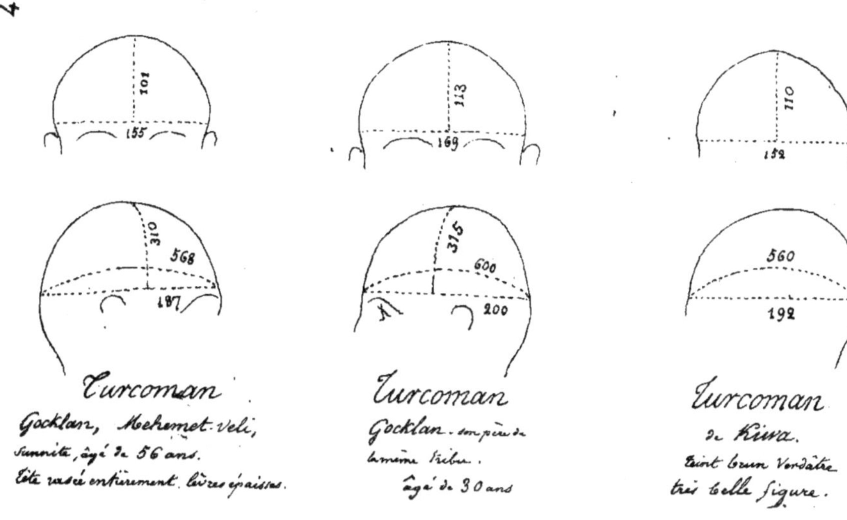

Turcoman

Gocklan, Mehemet-Veli,
Sunnite, âgé de 56 ans.
Tête rasée entièrement. lèvres épaisses.

Turcoman

Gocklan, un peu de
la même tribu.
âgé de 30 ans

Turcoman

de Kiwa.
Teint brun verdâtre
très belle figure.

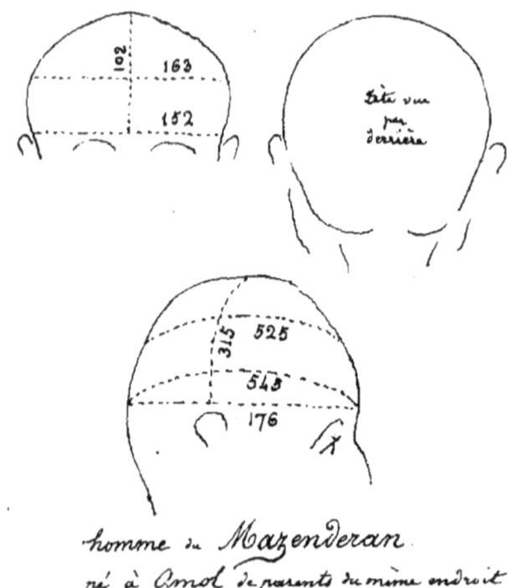

homme du Mazenderan
né à Amol de parents du même endroit
Koda-Kérim âgé de 40 ans.

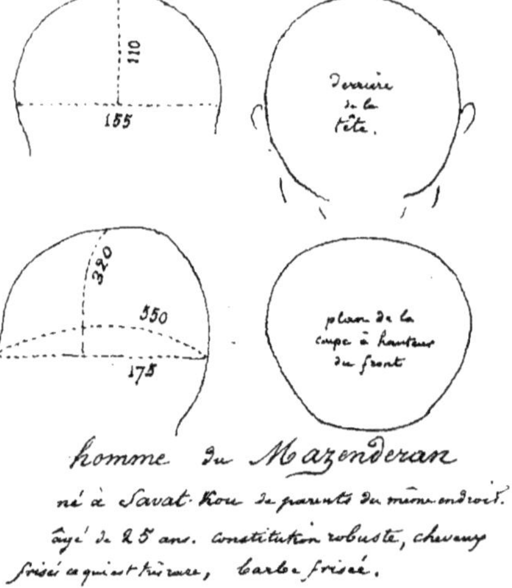

homme du Mazenderan
né à Savat-Kou de parents du même endroit.
âgé de 25 ans. constitution robuste, cheveux
frisés ce qui est très rare, barbe frisée.

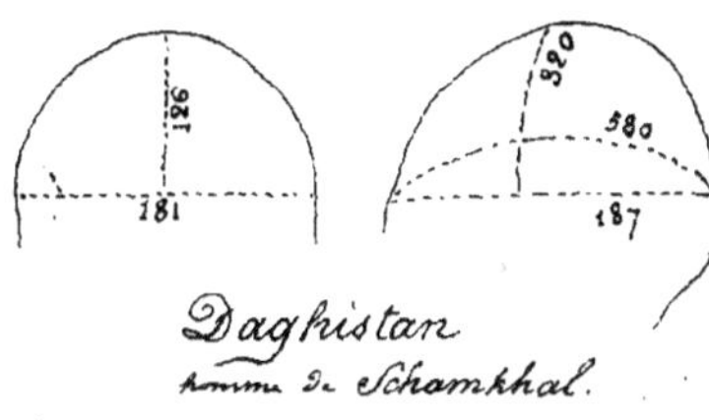

homme du *Ghilan*
âgé de 50 ans. né à Retsch.

Daghistan
homme de *Schamkhal.*

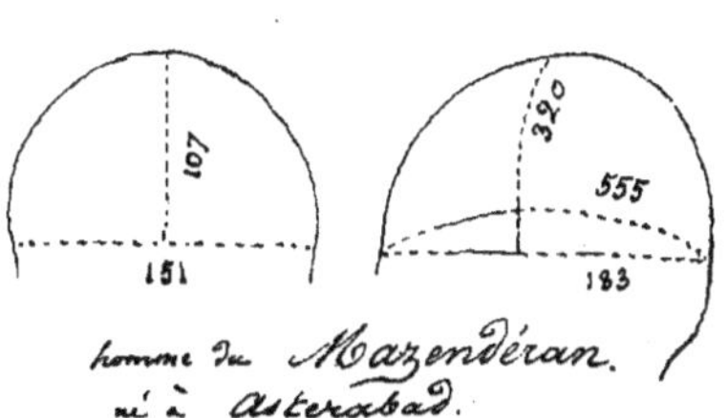

homme du *Mazendéran.*
né à *Asterabad.*
Sa famille était du même endroit.
âgé de 45 ans.

homme du *Mazenderan*
né à *Korum-abad,* parents du même endroit.
Mohammed Kassem âgé de 30 ans.
de petite taille, mais robuste et bien pris
cheveux frisés.

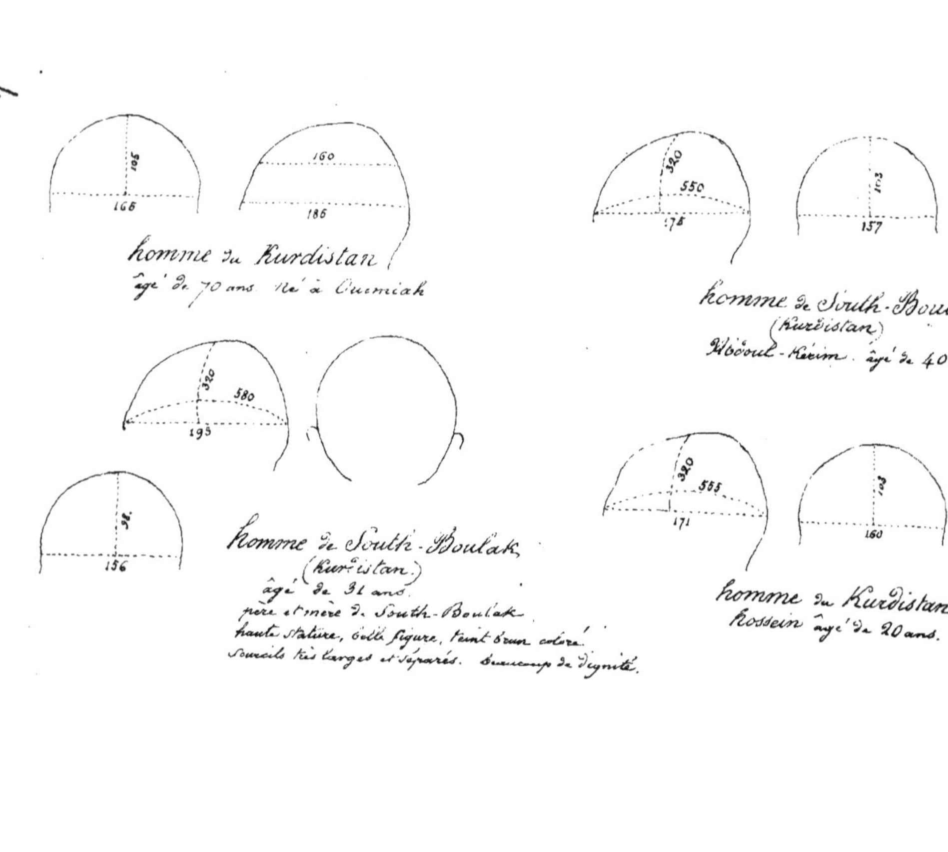

homme du Kurdistan
âgé de 70 ans. né à Ourmiah
homme de Souk-Boulak
(Kurdistan)
Abdoul-Kérim. âgé de 40 ans.
homme de Souk-Boulak
(Kurdistan)
âgé de 31 ans.
père et mère de Souk-Boulak
haute stature, belle figure, teint brun coloré
sourcils très larges et séparés. beaucoup de dignité.
homme du Kurdistan
Hossein âgé de 20 ans.

Kurde de Sultan-Abad.
âgé de 20 ans.
son père natif de Sultan-Abad.
ce Kurde avait le maxillaire
inférieur très charnu et très
saillant.

Kurde de Rhamcé
vieillard de 98 ans. vivant de
la charité publique. Sourd.

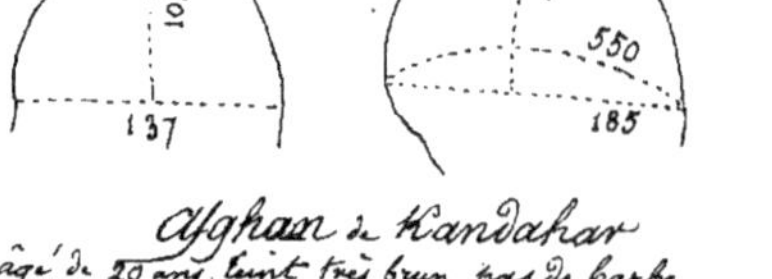

Afghan de Kandahar

âgé de 26 ans. son père est de Kandahar, teint brun, pas de barbe, très grande politesse aimant le Vin.

Afghan de Kandahar

âgé de 20 ans. teint très brun, pas de barbe air féminin, très grands yeux voilés de grands cils très beaux cheveux, nez très long, bouche dédaigneuse.

Afghan de Caboul

âgé de 25 ans.

teint brun jaunâtre. figure intelligente et régulière, très beaux cheveux.

Afghan de Kandahar

âgé de 35 ans. teint brun, tête entièrement rasée paraissant très alongée, tempérament sec et nerveux barbe assez longue et peu fournie.

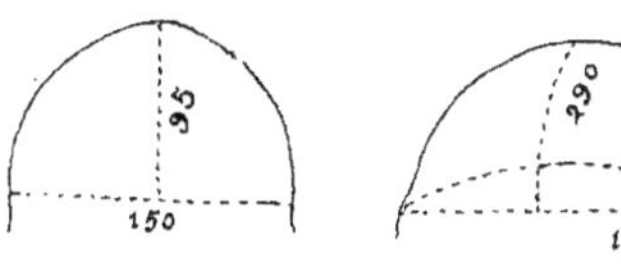

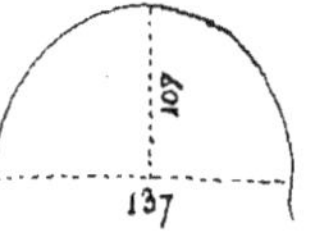

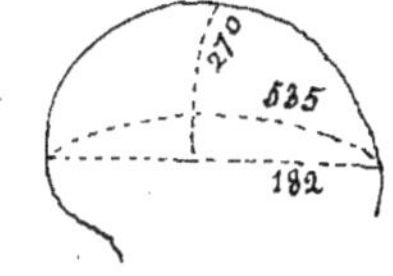

Afghan de Kandahar
âgé de 25 ans.

Son père est de Kandahar.
Teint très brun, peu de barbe.
Taille grande et bien prise, constitution
nerveuse, faisant profession de coureur
du Serdar Afghan. Très beaux et très
grands cheveux noirs frisant en grandes
boucles autour d'un front bas.

Afghan de Kandahar
âgé de 20 ans.

Teint brun, pas de barbe, beaux
cheveux, très brillants et très souples,
formant deux grandes boucles derrière
les oreilles, taille peu élevée et bien
prise. Intelligent, affable et poli,
faisant usage d'opium et de vin

homme de Nuschapour
frontière des Afghans. Téïar Khan.
passant dans le pays pour avoir 131 ans.
de la secte Sunnite.
constitution sèche et grêle, voyant, entendant
et marchant bien. a connu Nadir-Schah
pendant 14 ans. Il est depuis 50 ans à Teheran
après avoir voyagé à Constantinople, Tabriz,
Ispahan et Yezd. Contour amusant. Il se
teint en rouge, la barbe, et une touffe de cheveux
qu'il porte sur le sommet de la tête.

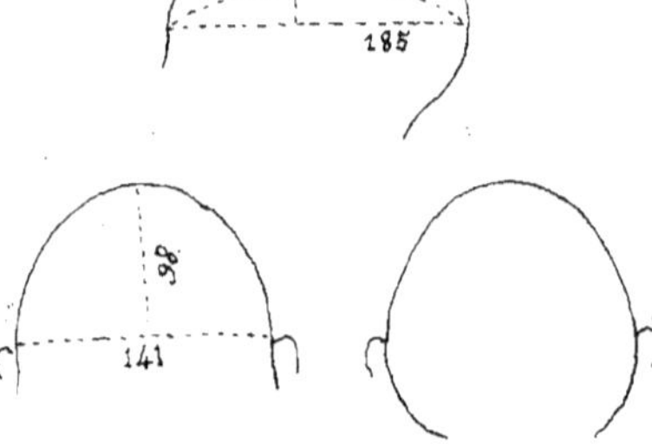

Afghan né à Caboul.
âgé de 35 ans
son père et sa mère étaient d'origine Arabe de
Mossoul. teint brun, barbe très fournie
surtout sous le menton, celui-ci très petit.

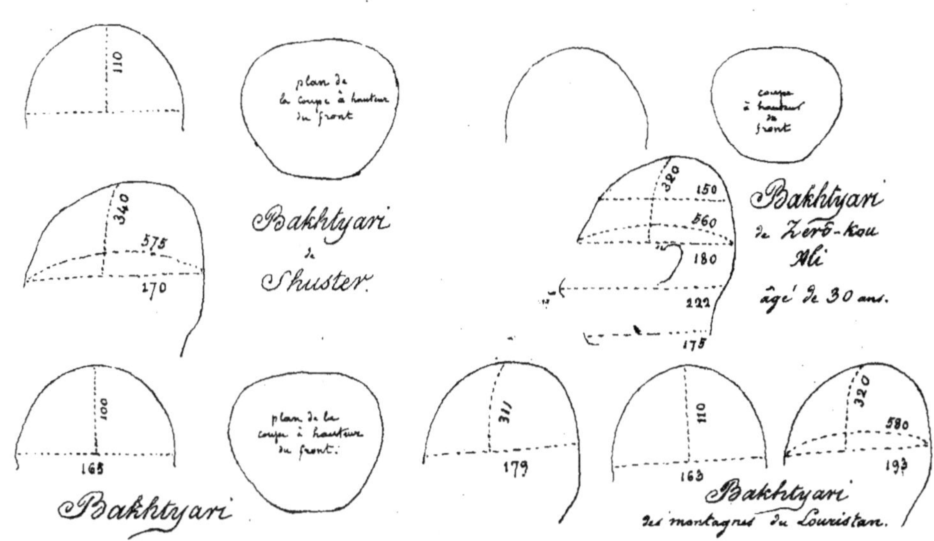
110
plan de
la coupe à hauteur
du front
340
575
170
Bakhtyari
de
Shuster.
380
150
560
180
222
175
coupe
à hauteur
du
front
Bakhtyari
de Zerô-kou
Ali
âgé de 30 ans.
100
165
plan de la
coupe à hauteur
du front.
Bakhtyari
311
179
110
163
320
580
193
Bakhtyari
des montagnes du Louristan.

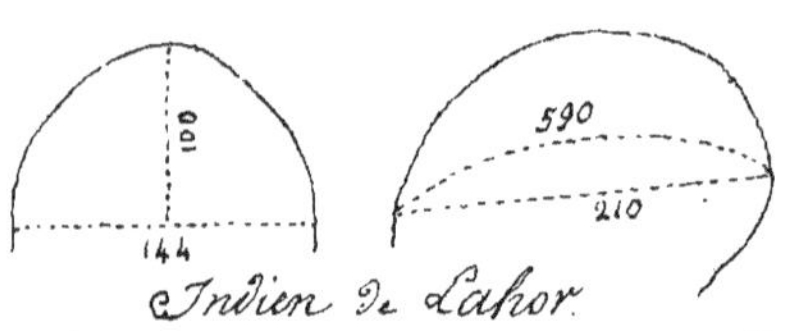

Indien de Lahor.

âgé de 35 ans, peau noire, pommettes très saillantes
œil jaune et couvert, peu de sourcils, barbe
soyeuse et très noire.

Indien d'Haïdérabad

âgé de 20 ans, teint brun verdâtre, figure mâle,
front fuyant, nez bien formé, cheveux courts et non rasés,
barbe fournie régulière et bien plantée.

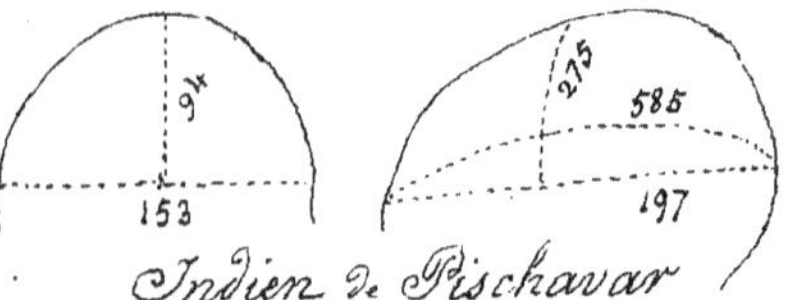

Indien de Pischavar

âgé de 28 ans.

teint brun, peu de barbe, le bas de la
figure se terminant en pointe.

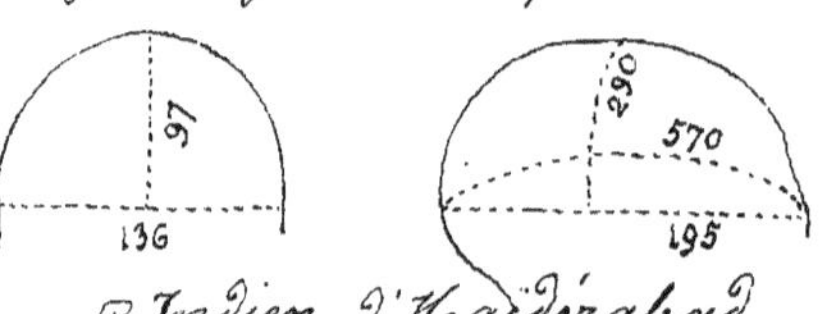

Indien d'Haïdérabad

âgé de 40 ans, teint brun verdâtre, pommettes décharnées
et très saillantes, tempes déprimées, yeux caves et
jaunâtres, oreilles très détachées, barbe très noire; fine et très
fournie sous le menton, celui-ci petit, maxillaire inférieur incliné.

Indien de Multan.

(Dans le Pinjab) âgé de 22 ans.
Teint noir jaunâtre, chevelure noire et abondante
figure régulière, air féminin.

Indien de Delhy

âgé de 40 ans, peau très brune, (couleur terre
d'ombre brulée) pommettes saillantes, menton réduit
a rien, constitution sèche et souffreteuse, membres grêles.
Intelligent.

Indien de Multan

âgé de 20 ans. Teint très brun, œil jaune
cheveux fins et longs, tête proéminente, menton rentré
tendance au parallelisme du profil du nez avec la
machoire inférieure, lèvres lippues. air féminin.

Indien de Luknau

âgé de 40 ans (Hadji-Hossein) son père était
De Beredje. Teint très brun, nez épaté, peu de distance
entre les yeux, ceux-ci enfoncés, machoire inférieure très peu
développée pommettes saillantes, constitution sèche et
nerveuse, beaucoup d'animation dans les yeux (jaunâtres)